mdv

Dieter Lehmann

Das Jahrtausendhochwasser

... und das Wunder von Mühlberg

mdv Mitteldeutscher Verlag

Deutsche Bibliothek – CIP-Einheitsaufnahme

Lehmann, Dieter: Das Jahrtausendhochwasser – und das Wunder von Mühlberg / Dieter Lehmann u. a..
– Halle (Saale): mdv, Mitteldt. Verl., 2002

ISBN 3-89812-170-4

Für die schnelle und uneigennützige Unterstützung bei der Herstellung dieses Buches danken wir allen Beteiligten recht herzlich. Sie hat es ermöglicht, dass ein Teil des Verkaufserlöses den vom Hochwasser Betroffenen zur Verfügung gestellt werden kann.

1. Auflage 2002

Umschlaggestaltung: Peter Hartmann, Leipzig
Printed in Germany

Inhalt

Die Flut kommt an ihr Ende

Die Flut 2002: Bilanz und Ausblick

Die Sintflut aus dem Mittelmeer

Wetter kommt und geht. Wir Menschen sind dem Wetter unausweichlich ausgeliefert, mit all seinen Unwägbarkeiten: Sonne und Regen, Wärme und Kälte, ein laues Lüftchen, Hagel und Sturm, Dürre und Überschwemmungen. Doch wir wappnen uns dagegen: hüllen uns in einen warmen Winterpelz, ziehen uns eine Regenhaut über oder entkleiden uns bis zur völligen Nacktheit.

„Es öffneten sich die Schleusen des Himmels, und die Quellen der Tiefe brachen aus der Erde hervor. Vierzig Tage und Nächte sollte es in Strömen regnen. Das Wasser stieg immer höher und hob das Schiff vom Boden ab. Als es weiter stieg, schwamm das Schiff frei auf dem Wasser. Schließlich waren sogar die Berge bedeckt; das Wasser stand mehr als fünf Meter über den höchsten Gipfeln. Alles, was auf der Erde gelebt hatte, ertrank: die Landtiere, die Vögel und auch die Menschen. Nur Noah und alle, die bei ihm im Schiff waren, wurden gerettet.“

So geschah es in biblischer Vergangenheit, wie es im Alten Testament niedergeschrieben steht. Es sei dahingestellt, ob es göttlicher Wille war, die Sintflut über die Menschen auszuschütten. Eine Katastrophe war es allemal. Wenn Wetter sich zu Unwetter wandelt, dann sind wir Menschen plötzlich so klein; aus Stolz wird Angst, aus Überlegenheit Demut.

Der Beginn des Unheils mit Namen „Ilse“ blieb zunächst eher unbemerkt. Am 6. und 7. August waren unwetterartige Niederschläge über Spanien, Südfrankreich, Norditalien, Österreich und Bayern niedergegangen. Bäche und Flüsse traten über die Ufer, Gemeinden und Städte wurden überflutet. Österreichische Meteorologen sprachen von den heftigsten Regenfällen seit 1896, dem Beginn der regelmäßigen Wetteraufzeichnungen.

Zu den betroffenen Städten in Österreich gehörte auch Salzburg

Inzwischen hatte sich fast unbemerkt über dem Nordatlantik ein arktisches Tiefdruckgebiet aufgebaut, das von den Meteorologen den eher friedvoll klingenden Namen „Ilse“ erhielt. Am 8. August lag es mit seinem Zentrum noch zwischen Irland und England. Eigentlich hätte „Ilse“ - wie es bei sommerlichen Tiefdruckgebieten auf der nördlichen Halbkugel üblich ist - nun in nordöstlicher Richtung abdriften müssen und wäre damit völlig harmlos geblieben. Stattdessen veränderte „Ilse“ am 9. August völlig überraschend seine „vorgegebene“ Richtung, zog in leicht ostwärts gebogener Linie über Frankreich hinweg und erreichte am

Freitag, dem 10. August, das Mittelmeer. Die Meerestemperatur im Golf von Genua lag zu dieser Zeit bei durchschnittlich 24 °C; über dem Meer lagen schwülwarme Luftmassen. Das alles waren ideale Voraussetzungen für das weiträumig aufgebaute Tief „Ilse", um sich wie ein Riesenschwamm mit feuchter Mittelmeerluft voll zu saugen. Mit ihrem prall gefüllten Wasserbauch wendete sich „Ilse" am 11. August in Richtung Nordost, überquerte Oberitalien, die östlichen Teile Österreichs und erreichte am Montag, dem 12. August, Tschechien und den Südosten Deutschlands. Hier entlud sich die nasse Fracht und sintflutartiger Regen

Das überflutete tschechische Pilsen am 13. August

prasselte hernieder. Die Wassermassen fielen örtlich derart dicht vom Himmel, dass sich das Tageslicht scheinbar zur Dunkelheit wandelte. Am stärksten regnete es im Böhmerwald und im Osterzgebirge. Im Raum Zinnwald/Georgenfeld wurden am 12. August sagenhafte 312 Liter Regenwasser pro Quadratmeter registriert; in Dresden waren es 158 Liter.

Das sächsische Heidenau am 13. August

Der für die Jahreszeit ungewöhnliche Weg des Tiefdruckgebietes „Ilse" ist in der Meteorologie eigentlich bekannt und wird als eine Fünf-b-Wetterlage bezeichnet. Allerdings stellen sich derartige Wetterlagen – wobei atlantische Tiefdruckgebiete in südöstlicher Richtung über das Mittelmeer ziehen, um dann nach Norden abzudriften – fast nur im Frühjahr und Herbst ein. Im Sommer gibt es solche Wettersituationen hingegen ganz selten, dann allerdings mit schlimmen Auswirkungen. Auch die furchtbare Oderflut im Jahr 1997 war in Folge einer Fünf-b-Wetterlage eingetreten.

Es ist rückblickend beunruhigend, zu erfahren, dass es vor der Katastrophe von den Wetterdiensten offenbar nur ungenügende Unwetterwarnungen gegeben hat. Der Deutsche Wetterdienst (DWD) sprach zwar bereits am Freitag, dem 9. August, in seiner Wetterprognose für das Wochenende von lokal starken Regenfällen, das alles schien jedoch nicht weiter bedrohlich. In der Wettervorschau der Elbe-Elster-Rundschau – die sich auf Vor-

Von der Donau wurde das bayerische Passau überschwemmt

hersagen des DWD stützt – klang das am 9. August so: *„Am Sonntag werden wieder einige Schauer und Gewitter erwartet. Dazwischen heitert es auch auf. Am Montag kann es nachmittags längere Zeit und zum Teil sehr intensiv regnen.“* Eigentlich eine annähernd richtige lokale Voraussage des Wet-

Die Elbe nahm von Meißen Besitz

ters, doch der Hinweis auf ein nahendes Unwetter war das beileibe nicht.

Meteomedia, das ist die Firma des medienbekannten Wetterexperten Jörg Kachelmann, warnte am Sonntag, dem 12. August, 12.45 Uhr: *„Tief ‚Ilse‘ bringt in den kommenden 48 Stunden lang anhaltende, unwetterartige Regenfälle.“* Der DWD zögerte zunächst noch, gab dann aber 13.59 Uhr eine Eilmeldung heraus, in welcher in der Voraussage für Montag 6.00 Uhr bis Dienstag 24.00 Uhr von „ergiebigen Regenfällen“ die Rede war.

Das Hochwasser kannte keine „Privatsphäre“

Sei es, wie es sei, und ohne in den Streit der verschiedenen Wetterdienste eingreifen zu wollen, muss konstatiert werden, dass die Warnungen vor dem nahenden Unwetter höchst ungenügend waren. Staatliche Institutionen und Behörden, die Wirtschaft und vor allem die Menschen in den betroffenen Regionen waren nicht darauf vorbereitet, dass es zu einer Wetterkatastrophe mit verheerenden Folgen kommen würde.

Historische Hochwasserstände der Elbe

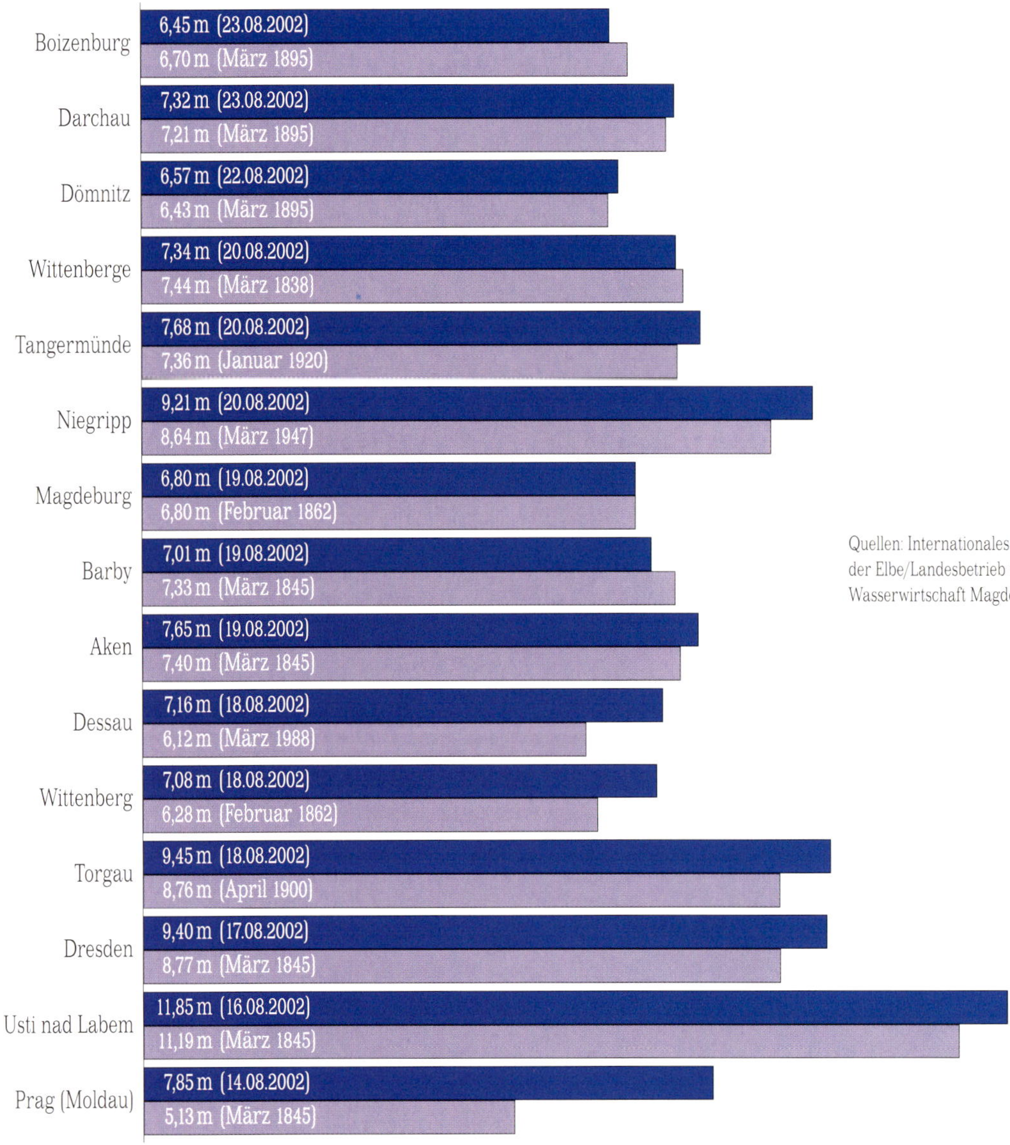

Quellen: Internationales Komitee zum Schutz der Elbe/Landesbetrieb für Hochwasserschutz und Wasserwirtschaft Magdeburg

Das Elbe-Hochwasser 2002 im Vergleich: Die Elbe überstieg fast überall die bisherigen Höchstmarken

Ernst-Günther Wöhler

Nach den Aufzeichnungen der Internationalen Kommission zum Schutz der Elbe überstieg das Elbehochwasser an fast allen Pegeln zwischen Usti nad Labem und Wittenberge die bisher registrierten Höchstmarken. Erst hinter Sachsen-Anhalt flachte der Scheitel ab.

Ein Polizist versucht ein losgerissenes Frachtschiff bei Decin unter Kontrolle zu bekommen

„Dresden hat ein Hochwasser erlebt, wie es rein statistisch in mehr als 1.000 Jahren, wahrscheinlich sogar in 2.000 Jahren, nur einmal auftritt“, resümiert Manfred Simon. Er ist wissenschaftlicher Mitarbeiter der Internationalen Kommission zum Schutz der Elbe, die in Magdeburg ihren Sitz hat.

Errechnet wird die Wahrscheinlichkeit eines Hochwassers anhand von langen Datenreihen. Erfasst wird dazu der jährliche Höchststand an jedem der Pegel, die seit 1802 an der Elbe eingerichtet wurden. Daraus ergibt sich die Wassermenge, die diesen Pegel in einer Sekunde durchfließt. (Pegel sind neben dem Fluss eingebrachte Röhren, die mit dem Fluss verbunden sind und teils bis unter die Flusssohle reichen. Der Pegel Null schwankt deshalb plus/minus 50 Zentimeter um den tatsächlichen Wasserstand bis zur Flusssohle.)

Für Dresden errechneten die Wasserwirtschaftler zum Beispiel folgende Werte: Alle zwei Jahre fließt durch Dresden eine Wassermenge von 1.430 Kubikmetern pro Sekunde, alle 10 Jahre von 2.690 Kubikmetern und alle 100 Jahre von 4.350 Kubikmetern pro Sekunde. „Vor zwei Wochen strömten nach bisher vorliegenden Daten in jeder Sekunde rund 6.000 Kubikmeter durch Dresden“, erklärt Manfred Simon. Das ist so, als schösse in jeder Sekunde eine ein Kilometer lange, ein Meter breite und sechs Meter hohe Wand ins Tal.

Nach dieser Berechnung erlebte Torgau ein 1000-jährliches Hochwasser, das sich bis Wittenberge in ein 200-jährliches Hochwasser abflachte. Nach bisher noch ungenauen Daten hätte Magdeburg mit einem geschätzten Durchfluss von 4.300 Kubikmetern „nur“ den Wert erreicht, den die Wissenschaftler für ein 100-jährliches Hochwasser errechneten. Immerhin stieg die Elbe in der Landeshauptstadt auf die bisher als Höchstmarke geltenden 6,80 Meter aus dem Jahr 1862. (Vermutlich lag der Pegel 1845 sogar noch 2 bis 3 Zentimeter darüber.) Stellt man jedoch in Rechnung, dass das Pretziener Wehr seit 1876 den Elbpegel in Magdeburg um rund 50 Zentimeter absenkt, dann hätte der vergleichbare Wert zu 1862 bei 7,30 Metern gelegen.

Auch die Stadthalle in Magdeburg wurde von der Elbe bedroht

Damit überträfe er alles bisher in Magdeburg Gemessene. Auch die im Februar 1941 registrierten 7,01 Meter, die in der Statistik nicht auftauchen. „In dem Monat führte die Elbe gar kein Hochwasser, nur in Magdeburg hatte sich eine Eisbarriere gebildet, die den Fluss anstaute", erläutert Manfred Simon. Diese durch Eisstau verursachten Wasserstände werden in der langjährigen Statistik der Wasserwirtschaftler nicht berücksichtigt.

Ein wasserwirtschaftliches Bauwerk hat nicht nur Magdeburg vor der ganz großen Flut bewahrt, sondern auch Wittenberge. Nach dem Juli-Hochwasser des Jahres 1954 wurde an der Havelmündung zwischen Werben und dem brandenburgischen Quitzöbel eine so genannte Wehrgruppe gebaut. Zum ersten Mal seit ihrer Fertigstellung 1956 wurde in diesem Jahr das Tor bei Neuwerben geöffnet, um Elbwasser in die Havel abfließen zu lassen. „Ohne diese Entscheidung hätte der Pegel in Wittenberge den historischen Höchststand von 755 Zentimetern erreicht", ist Manfred Simon sicher.

Bis vor 1.000 Jahren suchte sich die Elbe fast bei jeder Überflutung ein neues Bett. Zum Beispiel zeigt eine historische Karte, dass nördlich von Magdeburg auch Burg, Genthin und sogar Rathenow einmal an der Elbe lagen. Noch bis Anfang des 18. Jahrhunderts nahm die Elbe bei Deichbrüchen diesen Weg.

Helfer an einem Elbe-Deich bei Pratau

Die ersten Elbdeiche wurden um das Jahr 1100 vermutlich in der Altmark angelegt. Albrecht der Bär holte damals holländische Siedler als Deichbauexperten ins Land. Zunächst wurde jedoch nicht der

Biederitz bei Magdeburg wurde ebenso ...

Fluss eingedeicht, sondern Burgwällen gleiche Ringdeiche um die Dörfer gelegt. Die erste Deichlinie entlang der Elbe (zwischen Bleckede und Geesthacht) wird 1274 erwähnt. Die Lücken zwischen den einzelnen Deichverbänden wurden erst nach dem verheerenden Hochwasser von 1845 geschlossen (vgl.: Manfred Schmidt, Hochwasser und Hochwasserschutz in Deutschland vor 1850, Oldenbourg 2000).

... wie Gübs von der Elbe überschwemmt

Zwischen 1895 und 2001 sind an der Elbe 22 Hochwasser mit einem Scheitel am Pegel Barby von mehr als 6 Metern registriert worden. Nur drei davon fielen in die Sommermonate (Juni 1926, Juli 1954, Juli 1958). Ausgangspunkt war wie in diesem Jahr die so genannte Fünf-b-Wetterlage, bei der Tiefdruckgebiete über das Mittelmeer ziehen und sich durch die Wärme in ungewöhnlichem Ausmaß mit Feuchtigkeit auffüllen. Diese entladen sich in sintflutartigen Regenfällen an den nördlichen Mittelgebirgen.

„Land unter“ hieß es auch in Gerwisch nach der Elbeflutwelle

In diesem Jahr traf es am 11. August das Erzgebirge und das westliche Tschechien. 1997 - vor dem Jahrhunderthochwasser an der Oder - waren Adlergebirge und Mähren betroffen. „Wäre der Regen damals weiter westlich im Quellgebiet der Elbe niedergegangen, hätten wir schon vor fünf Jahren das Hochwasser bekommen - aber wesentlich schlimmer“, ist Manfred Simon überzeugt.

Das Unheil kam über Nacht – unerwartet, furchtbar, verheerend! Die Chronik der Katastrophe

Dieter Lehmann

Am **8. August 2002** steht es in allen Zeitungen und im Fernsehen sind schockierende Bilder zu sehen. Die Elbe-Elster Rundschau berichtet an diesem Tag: *„Unwetter mit heftigen Niederschlägen zogen gestern über Bayern, Österreich und Italien hinweg. Vor allem der nördliche Teil Italiens wurde von sintflutartigen Regenfällen heimgesucht. Mehrere italienische Weinbaugebiete wurden zerstört. Italiens Landwirtschaftsminister rief den Notstand aus.“*

In Österreich wird von einer Jahrhundertflut gesprochen. Zahlreiche Dörfer und Städte in Nieder- und Oberösterreich werden überflutet; Brücken stürzen ein, Straßen und Eisenbahnstrecken werden unterbrochen, Häuser zerstört. Menschenleben sind zu beklagen. Gleichzeitig wird von schweren Regenfällen an der russischen Schwarzmeerküste berichtet. Mindestens 63 Menschen verlieren dort ihr Leben. Am **9. August** fanden Rettungskräfte auf einem Campingplatz die Leichen von 16 ertrunkenen Urlaubern.

In Deutschland werden diese Schreckensmeldungen vernommen, doch niemand ahnt, dass nur wenige Tage später gleiches Unheil über weite Teile des Landes hereinbrechen wird. Denn noch immer hat man nicht die Gefahr erkannt, welche mit der unerwarteten Flugkurve des Tiefdruckgebietes „Ilse“ apokalyptisch auf Deutschland zusteuert.

Sonnabend, 10. August
In Nord- und Mittelitalien, in Tschechien, Österreich und auch in Südbayern regnet es unaufhörlich. Die Donau führt Hochwasser mit stark steigender Tendenz. Das Regengebiet dehnt sich nach Norden aus und erreicht damit auch Sachsen und südlich liegende Gebiete von Sachsen-Anhalt. Teile der Altstadt von Eisleben das Stadtzentrum von Köthen verwandeln sich in eine Seenlandschaft. In Köthen fielen dabei innerhalb einer Stunde 35 Liter Wasser pro Quadratmeter.

Sonntag, 11. August
Die Lage in den Unwettergebieten in Südbayern und Schwaben bleibt weiter kritisch. Passau und Regensburg bereiten sich auf eine Flutwelle der Donau vor.
In Nordböhmen und im Erzgebirge fallen den ganzen Tag extreme Niederschläge. Die Pegel der Moldau steigen sprunghaft und bedrohen Prag.
In Dresden wird der Wasserstand der Elbe mit 5,58 Metern vermessen, bleibt jedoch stabil. Die Dresdener Filmnächte am linksseitigen Terrassenufer werden trotzdem weitergeführt. Obwohl Leinwand und Bühne schon vom Hochwasser berührt werden, wird der Kinorenner „Der Herr der Ringe“ gezeigt.

Montag, 12. August
Schwere Wetterturbulenzen und Extremniederschläge in Sachsen, Brandenburg und Sachsen-Anhalt. In Dresden kommt früh der Berufsverkehr nahezu zum Erliegen. In der Messestadt Leipzig fallen am Morgen zwischen 4 und 6 Uhr 60 Liter Regen pro Quadratmeter. Stadtteile werden überflutet, Feuerwehren und Hilfskräfte sind ununterbrochen im Einsatz. Der Ausnahmezustand wird ausgerufen.

In Usti nad Labem wütete die Elbe ...

... ebenso wie in Meißen ...

... während die Donau Passau überflutete

Gegen Mittag werden in den Nachrichten erste Überflutungen im Erzgebirge gemeldet. Das Landratsamt Marienberg hat für Olbernhau, Deutschneudorf, Pockau und Pobershau den Katastrophenalarm ausgelöst. Auch das Flöhatal wird überflutet. Die Schweinitz, ein kleines Flüsschen, welches durch Deutschneudorf fließt, hatte sich innerhalb weniger Stunden von 1,50 Meter auf über 100 Meter Breite ausgedehnt. Dann die Katastrophenmeldungen aus Bärenstein, Schmiedeberg, Glashütte und Weesenstein. Verschiedene Talsperren können die Wassermassen nicht mehr halten, sie laufen über. Die sonst so harmlos dahinplätschernden kleinen Flüsschen Müglitz, Weißeritz und Prießnitz verwandeln sich schlagartig in alles zerstörende Ströme. Brücken und Häuser werden von den Fluten niedergerissen; Menschen fliehen in panischem Entsetzen. Niemand hatte sie gewarnt!

Die Donau ließ Passau untergehen

Der sächsische Ministerpräsident Georg Milbradt (CDU) wird 14.30 informiert und ruft sofort den Krisenstab der Landesregierung zusammen. Er will selbst in die Notstandsgebiete fahren, kommt aber nicht weit, denn die Straßen sind schon unpassierbar.
Nach unwetterartigen Niederschlägen in Südbayern wird in den Landkreisen Traunstein, Rosenheim, Passau und Weilheim-Schongau der Katastrophenalarm ausgelöst. Der bekannte Wintersportkurort Ruhpolding ist zeitweise von der Außenwelt abgeschnitten.

Die entfesselte Salzach zwingt die Behörden in Salzburg zur Sperrung der Brücken

In Österreich ist die Lage nach wie vor dramatisch. In der Festspielstadt Salzburg werden alle Brücken über die Salzach gesperrt, was ein Verkehrschaos nach sich zieht. In der oberösterreichischen Stadt Steyr führen die Flüsse Steyr und Enns ein noch nie erlebtes Hochwasser. Teile der Innenstadt werden überflutet, ein Stadtteil muss sogar evakuiert werden.

Auch in Prag macht sich die Angst breit. Dort wird die höchste Stufe der Hochwasserwarnung ausgerufen. Hastig wird im Bereich der berühmten Karlsbrücke entlang der Moldau eine Flutschutzmauer errichtet. Der tschechische Ministerpräsident erklärt am Abend fünf Bezirke seines Landes zu Notstandsgebieten.

Helfer bereiten in der Prager Altstadt Sandsäcke vor

Dienstag, 13. August

Der Starkregen des vergangenen Tages hat nachgelassen, trotzdem regnet es noch verbreitet und erst am Abend gibt es örtlich Auflockerungen.
In Passau erreicht die Donau gegen Mittag mit einem Pegelstand von 10,81 Metern ihren höchsten Stand, auch der Inn kommt wenig später auf die Rekordhöhe von 8,42 Metern. Viele Straßen der Stadt sind hoffnungslos überflutet, doch die meisten Bewohner Passaus nehmen es relativ gelassen; sie sind Hochwasser gewohnt!

Wie nach einem Krieg sah es nach der Flutwelle in Grimma aus

Blick auf das von der Donau beherrschte Passau

In der Nacht vom 12. zum 13. August kommt es in Grimma zur Katastrophe. Die vier Meter hohe Flutwelle der Mulde überrollt kurz vor 4 Uhr die Stadt und trifft die 19.000 Einwohner völlig unvorbereitet. Niemand hatte die Stadt gewarnt, wird der junge Bürgermeister Matthias Berger (34) später wütend in ein Mikrofon sagen. 52 Menschen hatten sich in die Frauenkirche gerettet. Sie werden mit Schlauchbooten der Bundeswehr aus ihrer verzweifelten Lage befreit.

Auch Dresden versinkt im Chaos. Die Flut der Weißeritz hat die westlich liegenden Stadtteile unter Wasser gesetzt. Völlig unvorbereitet müssen Eisenbahner und Reisende zusehen, wie sich die Weiße-

Blick auf Pirna am 14. August

ritz mitten durch den Hauptbahnhof hindurch ihren Weg ins Stadtinnere bahnt. Die wertvollen Kunstschätze Dresdens sind nun bedroht, in den Zwinger dringt das Wasser ein, im Albertinum werden die Kunstgüter in die oberen Stockwerke verfrachtet. Aus Sachsen werden die ersten drei Todesopfer gemeldet, es gibt sieben Vermisste. Ministerpräsident Georg Milbradt sagt, das sei die größte Naturkatastrophe, die sein Land je erlebt habe. Seit Vormittag ist das Elbe-Hochwasser nicht mehr messbar, weil

Der überflutete Nikolaisteg in Meißen

alle automatisch messenden Pegel ausgefallen sind. Pirna und Meißen werden vom Hochwasser erreicht, dort gibt es erste Evakuierungen.
Inzwischen rollt die Hochwasserflut in der Zwickauer und Freiburger Mulde heran. Auch hier können Talsperren das Wasser nicht mehr halten. Die Fluten erreichen Aue, Freital und Döbeln.

Mittwoch, 14. August
Kein Regen mehr, doch die Flut rollt an vielen Brennpunkten heran.

In Prag sieht es schlecht aus. Die Pegelstände der Moldau steigen, der Zoo wird vom Wasser überflutet. Der Elefantenbulle Kadir gerät in Panik und kann nicht gerettet werden. Er wird von Tierärzten eingeschläfert. Ein Gorilla ertrinkt, drei Robben nutzen die Gelegenheit und „fliehen". Auf der Elbe in Decin haben sich Lastkähne von ihren Verankerungen losgerissen und treiben führerlos auf der Elbe. Sie werden gesprengt.

Ein Nashorn wird am 13. August aus dem Prager Zoo evakuiert

In den deutschen Krisengebieten werden nun ganz konzentriert Bundeswehr und Polizei, Bundesgrenzschutz, Technisches Hilfswerk und Rotes Kreuz eingesetzt. Tausende freiwillige Helfer melden sich vor Ort und helfen so gut sie nur können.
Am Vormittag rückt die hochwasserführende Mulde in Sachsen-Anhalt in den Mittelpunkt. Teile von Eilenburg und Bad Düben wurden schon während der Nacht überflutet; am frühen Vormittag dann auch Jeßnitz. Der in Bitterfeld sitzende Krisenstab muss das Schlimmste befürchten. Wenn die Däm-

me des kleinen Ortes Greppin brechen, würde das Wasser Bitterfeld erreichen und damit wäre auch der Chemiepark gefährdet. Bundeswehr und professionelle Helfer kämpfen verzweifelt um den Greppiner Damm.

In Dresden wird am Abend mit der Evakuierung der Universitätsklinik begonnen. Die Bundeswehr hat zwei Transall-Maschinen und einen Airbus geschickt. 3.500 Patienten werden ausgeflogen und in andere deutsche Hospitäler verlegt – zweifellos eine logistische Meisterleistung der besonderen Art! Bundeskanzler Gerhard Schröder besucht in Begleitung von Sachsens Ministerpräsident Georg Milbradt das verwüstete Grimma. Der Bundes-

Ein zerstörtes Haus in Grimma

kanzler zeigt sich vor den laufenden Kameras sehr gefasst, kann aber seine tiefe Erschütterung über das Geschehene nicht verbergen. Er verspricht unbürokratische Hilfe für die Betroffenen.

Im Laufe des Tages geistert zum ersten Mal der Name Mühlberg durch die Nachrichten. Die kleine Stadt an der Elbe gerät in den Mittelpunkt des Interesses, weil hier der brandenburgische Ministerpräsident Matthias Platzeck, der legendäre „Deichgraf" der 1997er Oderflut, das Kommando bei den Rettungsarbeiten übernommen hat.

Donnerstag, 15. August

Unter Hochdruckeinfluss steigen die Tagestemperaturen bis 27 °C. Herrliches Badewetter also – doch nicht für die zahllosen Menschen in den Hochwassergebieten, welche sich in nie für möglich gehaltener Solidarität gegen die Flut zur Wehr setzen.

In Bitterfeld gibt der Krisenstab kurz nach 6 Uhr vorerst Entwarnung. Man ist der Meinung, die größte Gefahr sei vorbei. Aber was für ein Irrtum! Sieben Stunden später bricht zwischen den Gemeinden Pouch und Löbnitz ein Damm und füllt mit beängstigender Schnelligkeit den 62 Quadratkilometer großen Tagebau-See Goitsche.

Die Flutwelle der Elbe wälzt sich durch das Tal der Sächsischen Schweiz. Fast unbemerkt von der Öf-

Blick auf Schloss Pillnitz

fentlichkeit werden Bad Schandau, Königstein, Rathen, Stadt Wehlen und Pirna von den schmutzigbraunen Wassermassen überflutet. In Pirna und Heidenau werden 30.000 Menschen evakuiert und in Zelten untergebracht. Schloss Pillnitz bei Dresden, einst von August dem Starken als Lustschloss in barocker Pracht erbaut, steht bis zur ersten Etage unter Wasser. In Kreinitz bei Riesa wird ein Elbdamm überspült. Der größte Bio-Bauernhof Sachsens wird überflutet. Die Menschen müssen flüchten, etwa 1.000 Kühe und Kälber bleiben zurück. Am nächsten Tag werden die meisten Tiere in einer dramatisch verlaufenden Rettungsaktion in Sicherheit gebracht.
Das brandenburgische Mühlberg wird evakuiert.
Einen Tag nach dem Besuch des Bundeskanzlers Gerhard Schröder in Grimma hat die Bundesregierung die ersten angekündigten Hilfsgelder an die Hochwasseropfer ausgezahlt.

Freitag, 16. August
Bitterfeld wird in der Nacht evakuiert. Fast 17.000 Einwohner müssen die Stadt verlassen. Zum Glück bleibt der Chemiepark von der auflaufenden Flut verschont. Rund 1.000 Bundeswehrsoldaten und Helfer arbeiten verbissen daran, den Notdeich am Ufer der völlig überfüllten Goitsche zu erhöhen. Auch andere Städte und Gemeinden an Mulde und Elbe trifft das Schicksal der Evakuierung. Am Ende dieses Tages sind über 100.000 Menschen auf der Flucht.
In Dresden wird am Mittag der Kampf um die historische Altstadt endgültig aufgegeben; auch die Semperoper kann nicht mehr gegen die immer noch steigende Elbeflut geschützt werden. Am Abend wird die 1845 gemessene Rekordmarke der Elbe von 8,77 Meter um fast einen halben Meter übertroffen. 9,24 Meter werden am Pegel gemessen – ein neuer Rekord nur für Stunden? Denn die Elbe steigt und steigt.
Kanzlerkandidat Edmund Stoiber (CDU/CSU) unterbricht seinen Urlaub auf der Nordseeinsel Juist und kommt mit einem Hubschrauber nach Dresden.

Tausende Angehörige der Bundeswehr halfen mit hohem Einsatz in den Hochwassergebieten: hier in Mühlberg

Die Semperoper in Dresden

Im tschechischen Usti nad Labem werden am Elbe-Pegel sagenhafte 11,85 Meter abgelesen. Aus dem schwer belasteten Chemiewerk Spolana entweicht Chlor, und die Angst vor einer Chemiekatastrophe wächst.

Sonnabend, 17. August

In Riesa hält die Eisenbahnbrücke den Fluten nicht mehr stand und stürzt ein. Die bei Riesa liegenden Orte Nünchritz, Kreinitz, Gohlis, Promnitz und Moritz müssen evakuiert werden.

Großtreben bricht ein Damm auf einer Länge von gut 30 Metern. Großtreben und weitere Dörfer in der Umgebung werden überschwemmt. Verzweifelt kämpfen die Einwohner Torgaus und deren Helfer um ihre Stadt. 500 Soldaten der Bundeswehr und Feuerwehrleute arbeiten an einem Notdamm für das Flachglaswerk, dem wichtigsten Industriestandort Torgaus.

Die Flut erreicht im Laufe des Tages die Elbaue bei Lutherstadt Wittenberg, wo Tausende Helfer bereits im Einsatz sind.

Gohlis in Sachsen wurde Opfer der Elbe

In der Lutherstadt Wittenberg bedroht das steigende Elbewasser u. a. das Schloss und die Schlosskirche

In Mühlberg droht eine Deichüberflutung, die Helfer werden aus Sicherheitsgründen von der Deichkrone abgezogen. Nach eingehenden Analysen werden sie am Nachmittag wieder auf den Deich geschickt, um diesen mit Sandsäcken weiter zu erhöhen. 23.00 Uhr wird an einem provisorisch errichteten Pegel der Höchststand von 9,98 Meter gemessen.

Die Flut bedroht nun auch das tausendjährige Torgau. Ein Teil der Einwohner wird evakuiert. Bei

In Bitterfeld muss die Stadt geräumt werden. 16.000 Menschen müssen ihre Häuser verlassen. Die provisorisch errichteten Dämme an der Goitsche sind dem Wasserdruck nicht mehr gewachsen, Teile der Stadt Bitterfeld werden überflutet.

Sonntag, 18. August

In Mühlberg sinkt das Hochwasser, doch ein Dammriss bei Strehla bringt neue Gefahr.

Die Flutwelle der Elbe erreicht Torgau: Pegelstand 9,44 Meter. Weitere Einwohner und das Krankenhaus müssen evakuiert werden. Dem Flachglaswerk droht die Überflutung, was jedoch durch den massiven Einsatz der Bundeswehr und anderer Hilfskräfte vorerst verhindert werden kann. Im flussabwärts gelegenen Dautzschen bricht am Vormittag ein Damm und bedroht Prettin und Annaburg.

Verbissen kämpfen die Menschen, wie hier in Pratau, an den Dämmen gegen die Flut

Die Flut des Jahres 2002 bricht auch in Wittenberg alle bisher gemessenen Pegelstände: 7,06 Meter werden am Abend gemessen. In der Nacht vom Sonnabend bricht bei Pratau ein Damm auf 200 Metern Länge; weitere kleine Dammbrüche folgen. Die Elbaue um Wittenberg wird auf einer Länge von 52 und einer Breite von 15 Kilometern weitläufig überflutet.

Montag, 19. August

Obwohl die Pegelstände in Torgau schon leicht sinken, errichten im Norden der Stadt Einsatzkräfte von THW, Bundeswehr und Feuerwehr, unterstützt von Hunderten freiwilligen Helfern, einen neuen, vier Kilometer langen Damm, um das Flachglaswerk vor den drohenden Fluten zu schützen. Beim Bau des Dammes kam erstmals der vom THW Offenbach zur Verfügung gestellte Leuchtballon „Powermoon“ zum Einsatz. Dieser spezielle Ballon kann in der Nacht eine Fläche von etwa drei Fußballfeldern ausleuchten.

Bundeswehrsoldaten im Einsatz gegen die Flut bei Torgau

Nach Wittenberg erreicht die Flutwelle an diesem Tag auch Dessau. Der Wörlitzer Park ist gefährdet. Auch Magdeburg bereitet sich auf die Flut vor.
Mit der Verschiebung der zweiten Stufe der Steuerreform von 2003 auf 2004 will die Bundesregierung 7 Milliarden Euro zur Beseitigung der Flutschäden bereitstellen. Das Bundeswirtschaftsministerium beschließt ein Soforthilfeprogramm von einer Milliarde Euro für kleinere und mittlere Betriebe.

Dienstag, 20. August

Mühlberg ist gerettet! Am Morgen wird die Evakuierung aufgehoben. Große Erleichterung bei den Einwohnern, sie kehren in ihre Stadt zurück.

Das Wasser kommt Mühlberg bedrohlich nahe, aber die Dämme halten

Die anhaltinische Kleinstadt Prettin ist teilweise bis zu zwei Meter hoch überflutet. Südlich von Jessen bricht ein weiterer Elbdamm. Jessen-Süd muss evakuiert werden, obwohl viele der Einwohner sich dem widersetzen. Um das Vordringen der Wassermassen zu stoppen, wird ein Schutzdeich der Schwarzen Elster durchstochen, damit es dort ablaufen kann.
Die Pegel der Elbe im Landkreis Wittenberg sinken. In Pratau gelingt es den Einsatzkräften, den gebrochenen Damm zu schließen. In aufopferungsvoller Arbeit wurden 150 LKW-Ladungen Schotter und Bauschutt herangefahren, um das Loch im Damm zu schließen.
Das Brandenburger Kabinett beschließt 18.00 Uhr, die Wehre Quitzöbel/Neuwerben an der Mündung der Elbe zu öffnen. Dadurch sollen rund 140 Millionen Kubikmeter Wasser aus der Elbe in die Havelpolder abfließen. Auch über mögliche Sprengungen von Dämmen an der Havel wird nachgedacht.

Mittwoch, 21. August

Die Flutwelle der Elbe rollt weiter nach Norden.
Bundeskanzler Gerhard Schröder gibt bekannt, dass über 50.000 Menschen in den Krisengebieten im Hilfseinsatz sind.
Bei Dessau ist das UNESCO-Welterbe Wörlitzer Park durch die Flut bedroht. In Wittenberge werden Evakuierungen vorgenommen. Dennoch, die Flutwelle kommt nicht so hoch, wie es erwartet worden war. Im Kreis Lüchow-Danneberg bricht ein Deich.

Donnerstag, 22. August

In Wittenberge erklärt Matthias Platzeck gegenüber der Presse, dass Brandenburg beim Hochwasser-Management von den Erfahrungen aus der Oderflut 1997 profitiere. „Wir haben klare Entscheidungsstrukturen geschaffen und zügig die Logistik im Hinterland entfaltet“, schätzt er ein. In der Prignitz ist die Hochwassergefahr noch nicht gebannt, obwohl die Pegelstände sich langsam stabilisieren.

Immer wieder machte sich Brandenburgs Ministerpräsident Matthias Platzeck ein Bild von der Situation vor Ort

Freitag, 23. August
Die Flutwelle der Elbe hat Niedersachsen, Mecklenburg-Vorpommern und Schleswig-Holstein erreicht. Doch der Druck des Hochwassers ist geringer geworden. Obwohl es noch zahlreiche durchnässte Deiche gibt, um die gebangt wird, kehrt überall Erleichterung ein.

Das Jahrtausendhochwasser der Elbe findet langsam sein Ende.

Soldaten beim abendlichen Einsatz in Mühlberg

Die Flut in Österreich

Wie viele andere Länder Mitteleuropas stöhnte auch Österreich diesen Sommer unter anhaltenden, heftigen Regenfällen. Diese führten bereits Anfang August zu Dammbrüchen und einem Anschwellen der Flüsse. Das mittlerweile berüchtigte Tiefdruckgebiet „Ilse“ brachte das sprichwörtliche Fass zum Überlaufen: Dauerregen und verheerende Überschwemmungen in Ober- und Niederösterreich waren die Folge.

Das Ausmaß der Schäden war riesig: weggerissene Straßen und Brücken, verwüstete Geschäfte, Radwege und Campingplätze, unterspülte Bahnstrecken. Das Wasser stand in manchen Orten und Häusern meterhoch und floß nur sehr langsam ab, da die unaufhaltsam hinweg rollende Flut keinen Raum ließ.

Die Salzach überschwemmte u. a. Golling

Besonders kritisch erwies sich die Lage im niederösterreichischen Kamptal. Das Öffnen der Schleusen an den Stauseen sollte Entlastung bringen. Viele Menschen waren, eingeschlossen von Wasser, in ihren Häusern gefangen. Zahlreiche Hubschrauber mussten eingesetzt werden, um gefährdete Personen zu retten. Zu großen Überflutungen kam es u.a. in Krems, Langenlois und Rehberg, aber auch die Situation in Zöbing, wo der gesamte Ort unter Wasser stand, war dramatisch. Fast der gesamte Bezirk Krems stand unter Wasser. Viele Brücken waren mehr im als über dem Wasser, Dutzende Häuser von den Wassermassen eingeschlossen und nur noch per Boot erreichbar. Der Autoverkehr kam in vielen Städten und Gemeinden völlig zum Erliegen.

Die Enns wälzte sich durch Steyr (Bild vom 12. August)

Trotz tiefer Betroffenheit versuchten unzählige freiwillige Helfer weiterhin bis zum Rande der Erschöpfung, mit Sandsäcken ein noch höheres

Schadensausmaß zu verhindern - ein leider in vielen Fällen hoffnungsloses Unterfangen. Viele Menschen waren letztlich froh, wenn alle Familienmitglieder die Flut unversehrt überstanden.

Im Verlauf des Hochwassers meldeten immer mehr Landstriche „Land unter". Steyr war völlig überschwemmt, Brücken drohte die Überflutung. Stunden später schon ein anderes Bild: Während in einigen Teilen bereits mit Aufräumungsarbeiten begonnen werden konnte, herrschte in anderen noch das Wasser.

Der Schwerpunkt der Überschwemmungen verlagerte sich im Laufe der Zeit immer mehr von Westösterreich in den Osten des Landes. Während in Salzburg Dutzende Schaulustige und Fotografen die Bergung des Ausflugsschiffes „Amadeus" beobachteten, begannen die Wirte an der „Copa Cagrana" ihre Lokale zu räumen. Durch das Öffnen der Schleusen bei Langenzersdorf wurde das beliebte Erholungsgebiet der Wiener schließlich doch überschwemmt.

Neugierige verfolgen die Bergungsarbeiten an der „Amadeus"

Der Pegel der Donau stieg unaufhörlich, viele Orte an der Donau hatte der Fluss fest im Griff. So stand z. B. in der malerischen Altstadt von Ybbs das Wasser über 2 m hoch, später waren auch Marbach, Klosterneuburg und Grein betroffen. In Oberösterreich wurden die A7 und die A1 überflutet, dramatische Szenen spielten sich ab, Hubschrauber waren fast pausenlos im Einsatz, um bedrohte Menschen zu retten. Viele Menschen wünschten sich, dass sich das Wasser doch an die Stop-Schilder halten möge!

Auf den Autobahnen, hier die A 1, war an normalen Verkehr nicht zu denken

Besonders stark gefährdet war zum wiederholten Mal auch das Kamptal, wo die Schleusen des Ottensteiner Stausees einen ganzen Tag lang geöffnet waren. Dem Gebiet, in dem in den vergangenen Tagen bereits Hilfslieferungen eingetroffen waren und Behelfsbrücken errichtet wurden, drohten neuerlich schwere Überschwemmungen. Bevor die Wassermassen einströmten, war noch banges Warten angesagt, nach dem Eintreffen der Flutwelle blieb nur noch die Beobachtung des Pegels.

Die Altstadt von Ybbs unter Wasser (Bild vom 13. August)

Als die Hochwasserlage in Deutschland immer dramatischer und prekärer wurde standen in Österreich nur noch wenige Gebiete unter Wasser, konnten die Menschen erstmals aufatmen. Mit dem Rückgang der Pegelstände begannen die Aufräumarbeiten, galt es große Mengen Treibholz zu entfernen, überflutete Gebäude leerzupumpen, beschädigten Hausrat zu entfernen und die zurückgebliebenen Schlammmassen zu beseitigen. Aber auch dabei wurden die Betroffenen nicht allein gelassen, standen ihnen - wie beim vorangegangenen Kampf gegen die Flut - unzählige Helfer zur Seite.

Die Stadt Grein wurde von der Donau unter Wasser gesetzt

Die Flut in Tschechien

Dauerregen in Böhmen führten zum Ansteigen der Pegel von Moldau, Eger und Elbe sowie von deren zahlreichen kleinen Nebenflüssen. Die daraus resultierenden Überschwemmungen bescherten die bisher größte Hochwasserkatastrophe in der Geschichte des Landes. Bilder von überfluteten Landschaften, Städten und ihren betroffenen Bürgern, von der Flutwelle, die über den Prager Zoo hereinbrach und von der teilweise spektakulären Rettung einiger Tiere berühren die Menschen auch außerhalb der Landesgrenzen, lassen erahnen, welche Katastrophe sich hier Bahn bricht.

Am 14. August dann endlich ein erstes Aufatmen: Der Pegel der Moldau in der tschechischen Hauptstadt Prag stiegen nicht mehr. Eine offizielle Entwarnung war allerdings noch nicht möglich, da die Gefahr, dass die Moldau die Barrieren und Absperrungen überfließt und sich in die historische Altstadt ergießt, noch nicht gebannt schien. Da der Flusspegel zuletzt stündlich um etwa zehn Zentimeter gestiegen war, reichten die Absperrungen gegen 13.00 Uhr nur noch für einen Anstieg von weiteren 20 Zentimetern. Vorsorglich war die Altstadt inzwischen weitgehend geräumt worden. Zu den Problemen, die der reißende Fluss bescherte, hatte sich ein neues gesellt: die völlig überlastete Kanalisation, deren Wasser durch die Leitungen von unten in die Altstadt drückte.

Doch in anderen Städten war zu dieser Zeit noch keine Entspannung in Sicht. Bis dato wurden insgesamt 200.000 Personen evakuiert, dennoch hatten die Überschwemmungen im südböhmischen Pisek bereits ein zehntes Opfer gefordert. Diese Zahl sollte bis zum Abfluss der Wassermassen aus dem Land noch auf 14 ansteigen. Die Schäden an Hab und Gut der Menschen, in der Wirtschaft und an der gesamten Infrastruktur wird später auf über 100 Milliarden Euro geschätzt – Tendenz steigend!

Blick auf das überflutete Vranov nad Dyji am 15. August

Während sich in Südböhmen und an den oberen Teilen der Flüsse die Situation verbesserte, die Zustände in der Hauptstadt Prag kompliziert blieben, verschlechterte sich die Situation in Nordböhmen. Die internationale Hilfe begann: Die belgische Regierung schickte eine Militäreinheit sowie Ausrüstung für Rettungsarbeiten nach Tschechien. Ein belgisches Transportflugzeug brachte Soldaten, Pumpen und Anlagen zum Trockenlegen der betroffenen Gebiete. Auch Schweden, Polen, Frankreich, die USA, Norwegen, Japan, die Schweiz, Griechenland, Italien und weitere Länder sowie die NATO und die EU boten ihre Hilfe an.

Präsident Vaclav Havel besichtigt Hochwasserschäden in Prag

Große Umweltgefahren barg die durch das anhaltend steigende Hochwasser an der Elbe bereits zu 80 Prozent erfolgte Überschwemmung des Fabrikareals des Chemiewerks Spolana in Neratovice. Entgegen den Erwartungen begann die Moldau auch in das Areal des Chemiwerkes „Kaucuk" in Kralupy nad Vltavou einzudringen. In einer weiteren Fabrik, der Ceska Rafinerska, die sich ebenfalls im überschwemmten Kralupy befindet, wurde die Produktion vorsorglich eingestellt.

Starke Unterstützung erfährt die Bevölkerung auch durch die tschechische Armee. Etwa 5.000 Soldaten waren beim Hochwasserschutz sowie bei der Schadensbeseitigung eingesetzt.

Soldaten errichten in Prag einen Damm aus Sandsäcken

Die Hochwasserlage in Nordböhmen, wo man einen weiteren Wasseranstieg erwartet, blieb lange dramatisch. Eine ungeheure Wasserwelle riss dreißig Familienhäuser in einem Ort nahe Melnik hinweg. Andernorts wurden Gasleitungen beschädigt, Brücken gesperrt. Aus dem unter Wasser stehenden Chemiewerk Spolana entwich giftiges Chlor, eine Evakuierung der Bevölkerung wurde nicht mehr ausgeschlossen.

Im Prager Arbeiterviertel Karlin forderte zur gleichen Zeit das Wasser weiter seinen Tribut: Wohnhäuser stürzten ein, die Rückkehr der Evakuierten war immer noch nicht möglich, der öffentliche Verkehr eingeschränkt.

Im Kreis Litomerice sank allmählich der Pegelstand der Elbe, wo insgesamt 12 Gemeinden unter Wasser lagen. Die nahe gelegene Stadt Terezin (dt. Theresienstadt) wurde durch den Fluss Eger von ihrer Umgebung abgeschnitten und fast vollständig überflutet, es gab dort keinen Strom, kein Trinkwasser und keine Telefonverbindung mehr. Auch der historische Stadtkern von Cesky Krumlov (dt. Krumau) - eine UNESCO-Welterbestätte - stand etwa zur Hälfte unter Wasser.

Am 17. August entspannte sich die Lage in den Hochwasser-Krisenregionen Tschechiens etwas, die Pegel sanken. Während zahlreiche Orte wie Hrensko und Terezin noch überschwemmt blieben, floss das Flutwasser der Moldau in Prag aus vielen Vierteln ab. Ein Teil der Evakuierten konnte nach Karlin zurückkehren. Am Abend wurden in Prag 75 Feuerwehrleute aus der Partnerstadt Frankfurt am Main erwartet. Sie wollten vor allem bei der Wasserbeseitigung in der Prager U-Bahn helfen. Auf dem Weg nach Tschechien befanden sich ebenfalls etwa 40 Feuerwehrleute aus dem südpolnischen Schlesien, die bleiben wollen, solange sie gebraucht werden.

Evakuierte Einwohner von Prag-Karlin haben in einer Schule Unterkunft gefunden

Am 18. August verbesserte sich die Situation im gesamten Land weiter. Die Moldau sank in Prag im Vergleich zu ihrem Höchstwert bereits um 5 Meter, auch der Pegelstand in Usti nad Labem fiel kontinuierlich. Das historische Zentrum von Cesky Krumlov konnte bereits wieder von Touristen besucht werden. Die in einer Moldauschleife stehende Altstadt ist allerdings von den Überschwemmungen schwer beschädigt worden.

Am 19. August konnten vielerorts die Evakuierten in ihre Häuser zurückkehren, begannen die Aufräumarbeiten.. Auch die Verkehrslage normalisierte sich, allerdings blieben noch drei deutsch-tschechische Grenzübergänge gesperrt.

Am 23. August ging endlich ein Aufatmen durch das ganze Land: Die Pegelstände in Tschechien waren wieder normal.

Wir sind einander etwas näher gerückt

Udo Schmidt

An die Tage des Hochwassers werden die Menschen noch lange denken. Die einen, weil sie geschädigt sind, die anderen, weil sie mit angepackt haben, weil sie geholfen haben. Was passiert ist, konnte und wollte sich niemand vorstellen. Seit Jahrhunderten leben die Menschen am Fluss. Seit Menschengedenken hielt sich der Fluss in seinem eingedeichten Bett. Jetzt, im August 2002, verletzt er diese Regel.

Die schweren Regenfälle in der zweiten Augustwoche erzwingen den pausenlosen Einsatz der Feuerwehren in Nünchritz, weil das Wasser nicht mehr abfließen kann, die Keller voll laufen. Die Pegelstände der Elbe von Tschechien bis Dresden lassen ein übernormales Hochwasser bei uns in Nünchritz erwarten.

Am Dienstag, dem 13. August, wird erst die Alarmstufe 3 und dann am Nachmittag die Alarmstufe 4 ausgerufen. Das bedeutet für die Einsatzkräfte vom gemeindlichen Bauhof und der freiwilligen Feuerwehr: Kontrollgänge auf dem Deich rund um die Uhr. Die Zufahrtwege zur Elbe werden mit Spundwänden und Sandsäcken verschlossen. In Dresden wird ein Pegelstand von acht Metern erwartet. Fünf Stunden später ist das Wasser bei uns. Wir haben bei diesem Pegelstand dann noch 20 bis 40 Zentimeter Platz bis zur Dammkrone. Das wird eng werden. Wir rufen die Bewohner in den elbnahen Wohnbebauungen auf, weitere Sicherungsmaßnahmen für Gebäude, Hab und Gut vorzunehmen. Notunterkünfte werden vorbereitet. Wir wollen gerüstet sein, wenn Evakuierungen notwendig werden. Vorsorglich werden ältere und behinderte Menschen im Lehrlingsheim des Kolping-Bildungswerkes in Nünchritz untergebracht und betreut. Sandsäcke werden herangeholt und gefüllt. Viele Freiwillige melden sich unaufgefordert, um zu helfen.

Am Mittwoch, dem 14. August wird 18 Uhr der Katastrophenalarm ausgerufen. Die Evakuierung in den gefährdeten Gebieten wird angeordnet. Ungefähr 450 Personen sind davon betroffen. Die Hälfte von ihnen weigert sich, die Häuser zu verlassen. Die andere Hälfte findet zum allergrößten Teil Unterkunft bei Verwandten, Freunden, Bekannten. Freiwillige stellen ihre Wohnungen zur Verfügung.

Beim Füllen der Sandsäcke packten alle mit an

Am Mittwoch und Donnerstag wird pausenlos Sand herangefahren. Fünfhundert bis Tausend Freiwillige aus Nünchritz und den umliegenden

Orten sind auf den Beinen und füllen Sandsäcke, verstärken den Deich an den kritischen Stellen. Das heimische Gewerbe übernimmt den Transport. Am Ende sind 90.000 bis 100.000 Sandsäcke zur Verstärkung des Deiches verbraucht worden. Weitere 20.000 bis 30.000 Sandsäcke wurden im privaten Bereich zum Schutz der Häuser und der Kläranlage des Chemiewerkes eingesetzt.

Eine ungeahnte Solidarität erfasst die Menschen. Jeder will seinen Anteil beitragen. Der Bäcker verteilt Pfannkuchen. Die Jugendvollzugsanstalt aus Zeithain hilft. Aus der Kreisstadt Großenhain kommt ein Sonderbus mit Jugendlichen. Nach Arbeitsschluss kommen viele Beschäftigte aus dem Chemiewerk. An beiden Tagen sind die vielen Freiwilligen bis in die Nachtstunden tätig.

Nünchritzer und auswärtige Helfer beim Dammbau

Am Donnerstag, dem 15. August, geht das Wasser in den Morgenstunden etwas zurück. Die Einwohner aus dem Gefährdungsgebiet glauben nicht, dass noch Gefahr droht. Sie betrachten die Maßnahmen als überzogen: die Elbe sei noch nie über den Deich gestiegen. Dabei lassen die Pegelstände der Moldau und der Elbe in Tschechien das Schlimmste erwarten. Wir müssen davon ausgehen, dass in Nünchritz die Elbe einen Scheitelpunkt erreichen wird, der mehr als einen Meter über der Deichkrone liegt. Daraus leitet sich die Hauptaufgabe ab: Der Deich ist so zu sichern, dass er nicht bricht und das Wasser allmählich in die tiefer liegenden Senken fließt. Die noch in ihren Häusern verbliebenen Bewohner werden in den Abendstunden zwangsevakuiert und in den Notunterkünften betreut.

Am Freitag, dem 16. August, erreicht die Elbe in den frühen Morgenstunden die Dammkrone und beginnt in die Senke abzufließen. Der Scheitelpunkt des Elbehochwassers erreicht Melnik am Zusammenfluss von Moldau und Elbe. Das bedeutet für uns, dass die Elbe in Nünchritz noch mehr als einen Tag ansteigen wird. Die Bewohner müssen tatenlos zuschauen, wie sich die Senke füllt, das Wasser ihre Häuser erreicht. Der Sportplatz mit Sportgebäude, die Turnhalle der Mittelschule, der Einkaufspark, die Tankstelle werden vom Hochwasser geflutet. Ein zweiter Wall aus Sandsäcken wird errichtet, um höher gelegene Gebäude zu sichern.

Am Sonnabend hat das Wasser in der Senke nahezu Elbhöhe erreicht. Der Deich hat gehalten. Zerstörungen durch Sturzfluten konnten zwar verhindert werden, die Wasserschäden sind aber enorm. Mit Booten werden die Eigentümer an ihre Häuser gefahren. Die Bürgerinnen und Bürger reagieren besonnen. Sie gewinnen einen ersten Eindruck über den Zustand ihrer Grundstücke. Das ganze Ausmaß der Schäden wird erst zu sehen sein, wenn das Wasser zurückgegangen ist.

Am Montagnachmittag ist das Wasser soweit abgeflossen, dass die Evakuierung aufgehoben werden kann. Jetzt beginnen die Aufräumungsarbeiten. Viele Wohnungsinhaber müssen sich von ihrem Hausrat trennen. Er ist verdorben, wird auf die Straße gestellt und als Sperrmüll entsorgt. Und wieder sind die freiwilligen Helfer zur Stelle. Packen mit an, sprechen Mut zu, versorgen die Geschädigten mit dem Nötigsten. Die Gemeinde richtet eine Stelle ein, die Hilfe vermittelt, die Sachspenden verteilt.

Auch in Nünchritz hieß es tagelang „Land unter“

Feuerwehren aus der Partnergemeinde Ubstadt-Weiher in Baden-Württemberg helfen, das Klärwerk des Abwasserzweckverbandes wieder in Betrieb zu nehmen. Sie beginnen mit den Gemeindewehren die Senke auszupumpen. Unterstützt werden sie vom Technischen Hilfswerk aus Kassel, aus Arnsberg, einer Wehr aus dem Oderbruch. Eine Spezialwehr aus dem Rhein-Neckar-Kreis pumpt Heizöl aus den Kellern. Feuerwehrleute von der Insel Usedom helfen bei Aufräumungsarbeiten. Die Bundeswehr ist im Einsatz. 18 polnische Jugendliche aus Wroclaw entfernen Schwemmgut. Die solidarische Unterstützung aus ganz Deutschland hilft den Betroffenen, mit ihrer Situation besser fertig zu werden. Das Sofortprogramm der Regierung wird begrüßt. Der erste überflutete Supermarkt öffnet wieder. Der Ortskern wird gesäubert. Das Leben scheint wieder normal zu werden.

Und doch ist es anders. Wir sind einander etwas näher gerückt. Wir haben das Leid unserer Nachbarn, die durch das Hochwasser geschädigt sind, erlebt. Wir haben erlebt, dass wir uns in schwierigen Situationen aufeinander verlassen können. Nicht nur in unserem Dorf. Die Hilfe und Unterstützung aus ganz Deutschland hat uns eine neue Gemeinsamkeit gezeigt. Wir haben jetzt die Chance, beim Wiederaufbau begangene Fehler auszumerzen. Wir haben jetzt die Chance, das Verhältnis der Regionen zueinander und besonders zwischen Ost und West neu zu ordnen. Nutzen wir sie.

Nünchritz ist eine Industriegemeinde zwischen Riesa und Meißen. Der Hauptarbeitsgeber ist die Wacker-Chemie mit z. Zt. 850 Beschäftigten. Unser Chemiewerk (Produktion von Silikonen) konnten wir über die Wende hinüber retten. Es wurde durch das Hochwasser nicht betroffen.

Nünchritz hat 4.900 Einwohner mit ca. 2.200 Haushalten. Vom Hochwasser geschädigt wurden um die 200 Haushalte (= Häuser), 23 Geschäfte (Möbelmarkt, Baumarkt, Kaufhallen, Tankstelle, Getränkemarkt, Bekleidungshaus, Drogerie ...), die Turnhalle der Mittelschule (Totalschaden), das Sportgebäude des Fußballvereins, das Bootshaus der Kanuten, das Ärztehaus. Der Gesamtschaden wird nach erster Hochrechnung mit ca. 25 Millionen Euro beziffert.

Das Leben kehrt nach Dresden zurück – doch noch ist nichts wie früher

Marc-Oliver von Riegen

Etliche Straßenbahnen fahren wieder, das Licht geht wieder, viele Keller sind leer gepumpt – und auch die Touristen kommen wieder. Fast zwei Wochen nach der verheerenden Hochwasser-Katastrophe kehrt langsam das Leben zurück nach Dresden. Besuchergruppen pilgern wieder zur Frauenkirche oder sitzen bei Sonnenschein in Cafés an der Brühlschen Terrasse, die geöffnet haben. Doch der Schein trügt: Die Schäden sind noch

Feuerwehr und THW am 17. August an der Semperoper

lange nicht behoben. An der Semperoper ist das Technische Hilfswerk (THW) mit einem Dutzend Kräften weiter vor Ort. „Es werden noch geringe Mengen Wasser ausgepumpt“, sagt THW-Helfer Gerhard Bär, der aus Bayreuth gekommen ist und seit Dienstag in Dresden anpackt. Einige Kollegen schlafen nach dem Dauereinsatz der vergangenen Tage auf Notliegen. Noch immer fahren Einsatzwagen mit Blaulicht durch die Elbstadt. Direkt an der Elbe versuchen die Männer des Geschichtsvereins Brühlsche Terrasse, den Schlamm zu beseitigen, den die Flut in ihren Räumen an historischer Stelle hinterlassen hat. „Da ist fast nichts zu retten“, sagt Vorstandsmitglied Ulrich Kaiser. „Nach zwölf Jahren sind wir wieder am Punkt Null.“ Drei Container haben sie schon mit Schutt und Müll gefüllt. Auch wenn manche Stadtteile noch wie verwüstet aussehen: Der Müll verschwindet allmählich aus dem Stadtbild. Allein am Samstag sammelte die Stadt auch mit Hilfe aus Berlin, Cottbus und Erfurt fast 4.000 Tonnen Sperrmüll ein.

Völlig mit Unrat gefüllt: der Eingang des Studentenclubs „Bärenzwinger“ am 15. August

Die Dresdner wollen bald wieder zu einem möglichst geordneten Leben zurückkehren: In der kleinen Münzgasse zwischen Elbe und Frauenkirche,

Dresden während der Flut

Die Münzgasse mit der Frauenkirche am 17. August

Blick vom Postplatz auf den Zwinger am 17. August

Das „Blaue Wunder“, Dresdens bekannte Brücke, am 14. August

Schiffe der „Weißen Flotte“ am 15. August, im Hintergrund die Carolabrücke

Die Filmnächte fielen am 15. August ins Wasser

Das Gebäude des Sächsischen Landtags am 15. August

die seit Samstag wieder zugänglich ist, beseitigt der Besitzer eines spanischen Lokals seit fast einer Woche die Schäden. Schließlich sollen am Montag die Touristen wieder kommen. Den finanziellen Schaden schätzt er auf 140.000 Euro. Der Touristenkiosk nebenan hat schon wieder offen. Doch die Besucher wollen nur selten Souvenirs kaufen. Sie suchen eher die Orte auf, wo das Wasser stand, und verfolgen gespannt die Aufräumarbeiten.

Die Elbe füllte auch die Fußgängertunnel

Die Museen füllen sich langsam wieder mit Besuchern aus aller Welt, auch wenn wie im Albertinum noch der Ausnahmezustand gilt. Dort sind vier Museen untergebracht. Viele Skulpturen und Bilder, die aus den überfluteten Depots gerettet wurden, lagern behelfsmäßig zwischen anderen Ausstellungsstücken. Auf der Brühlschen Terrasse stehen Touristen und blicken auf die Elbe, die wieder ruhiger fließt. „Es ist so schade", sagt ein Tourist aus Südkorea zu den Folgen des Hochwassers. Vor fünf Jahren hat er die Stadt schon einmal besucht.

Auch das Verkehrsschild am „Blauen Wunder" zeigt: Die Elbe hat bei Hochwasser Vorrang

Als Helfer unterwegs: Das Muldehochwasser in Eilenburg

Andreas Barrot

Schon seit Tagen verfolge ich mit meiner Familie die Hochwassermeldungen in den Medien. Kaum zu glauben, welche Kraft die entfesselte Natur entfaltet. Nach Österreich und Tschechien gelangen die Wassermassen nach Deutschland. Neben der Elbe und der Mulde schwellen auch kleine und kleinste Flüsschen zu zerstörerischen Strömen an.

Wir haben Verwandte in Eilenburg: Die sächsische Kleinstadt, nach der schon im 10. Jahrhundert errichteten Ilburg benannt, liegt an der Mulde. Deren Hochwasser wälzt sich wie das der Elbe unaufhaltsam nach Norden. Wiesenburg taucht in den Berichten auf, Bilder aus Zwickau erreichen uns, Grimma wird überflutet, der angeschwellte Fluss erreicht Wurzen.

Nun machen wir uns wirklich Sorgen. Das kleine Blumengeschäft meiner Tante liegt direkt am Mühlgraben in Eilenburg. Dass das Hochwasser auch hier wüten wird, ist geradezu garantiert. 1954 gab es das letzte große Hochwasser in Eilenburg, damals stand Wasser „nur" im Keller. Wird es diesmal auch so glimpflich enden?

Die Mulde fließt weiter mit Macht auf Eilenburg zu, in der Nacht vom 12. zum 13. August erreicht die Flutwelle die Stadt. Gegen 17 Uhr ist meine Tante im Geschäft, vorsorglich bringt sie mit ihrem Mann Blumentöpfe, Regale, Sämereien u.v.a. aus dem Keller nach oben. Noch hofft man, vom Wasser verschont zu bleiben. Mein Onkel scherzt noch, es würde schon nichts passieren. Kaum 6 Stunden später hat die Realität sie eingeholt. Mit unvorstellbarer Gewalt dringt das Hochwasser in die sächsische Kleinstadt ein. Das Haus meiner Tante wird bis zur ersten Etage überflutet. Zu Fuß geht es durch das kalte Wasser zur hoch gelegenen Burg in Sicherheit. Ein Hubschrauber geleitet die Flüchtenden, mit seinen Scheinwerfern weist er den Weg.

Als keine unmittelbare Gefährdung mehr besteht, dürfen die Anwohner zurück. Passierscheine wer-

Blick in den Mühlgraben im Juni ...

... und am 13. August 2002

den ausgeteilt, die Behörden wollen sicherstellen, dass keine Unbefugten in die menschenleeren Straßenzüge gelangen. Das Haus ist vom Keller bis zum ersten Stock verwüstet. Wasser, Schlamm, Dreck, undefinierbare Abfälle aus dem Fluss füllen die Räume. Besonders schlimm: Das Haus wird gerade saniert, das Blumengeschäft war gerade vor acht Wochen neu eröffnet worden.

Für uns steht fest, wir helfen schnellstmöglich. Hier beginnt das erste Problem, die Telefonleitungen sind zerstört, wir können tagelang niemanden erreichen. Dann klappt es endlich mit einem Telefongespräch. Wir erfahren, keiner ist verletzt, aber die Schäden am Haus sind beträchtlich. Wir versprechen zu kommen und bei der Schadensbekämpfung anzupacken.

Am Sonnabend, dem 17. August, ist es soweit. Von Halle aus geht die Fahrt nach Sachsen. Neben mir sitzt mein Bruder im Auto, hinten haben mein Schwiegervater und eine Freundin Platz genommen. In Halle herrscht in diesen Tagen schönstes Sommerwetter, und nur wenige Kilometer entfernt kämpfen die Menschen um ihre Existenz. Nur knapp eine Stunde dauert die Fahrt, auf der Strecke ist nichts vom verheerenden Hochwasser zu bemerken. Gegen 10 Uhr vormittags erreichen wir den Stadtrand. Bereits vor dem Ortsschild empfängt uns eine erste Polizeikontrolle; wir erklären, dass wir als Helfer kommen, und dürfen passieren.

Im Ortsteil Berg werden an einer weiteren Kontrollstation Passierscheine ausgegeben. Wir lassen das Auto zurück und marschieren los. Das Wasser war inzwischen zurückgewichen, zurück blieb der Schlamm. Als wir das Haus meiner Tante erreichen gibt es zunächst ein freudiges Hallo. Hände werden geschüttelt, die Ereignisse der letzten Tage kurz im Gespräch gestreift. Dann heißt es, fest anpacken.

Ausgabe von Passierscheinen zum Betreten der Innenstadt durch Mitarbeiter der Stadtverwaltung an der Mühlgrabenbrücke

Der Keller ist noch überflutet, im Laufe des Tages wird er leer gepumpt. Im Erdgeschoss ist bereits von einer Firma der komplett zerstörte Fußboden entfernt worden. Wir beginnen alles, was noch zu verwenden ist, auszusortieren. Im Garten werden Regale, Blumentöpfer, Gärtnereizubehör gereinigt. Auch einige Blumen haben die Flut überlebt, an einem improvisierten Blumenstand werden sie zum Verkauf angeboten.

Die Zeit vergeht bei der Arbeit unheimlich schnell. In der ganzen Stadt sind die Einwohner ähnlich beschäftigt. Schäden werden begutachtet, erste Aufräumarbeiten durchgeführt, die überschwemmten Räumlichkeiten entrümpelt. In den Straßen türmen sich Berge von zerstörtem Hausinventar. Un-

Blick auf das Stadtzentrum mit Nikolaikirche, Marktplatz und Rathaus am 14. August

aufhörlich fahren Lkws durch die Stadt, um diese Berge abzutragen.

Mitten am Tag kommen Mitarbeiter der Diakonie am Haus vorbei und bieten ihre Mitarbeit an. Dankbar wird die unverhoffte Hilfe angenommen. Kurze Zeit später plagen sich drei weitere Helfer mit uns zusammen, um die Spuren des Hochwassers zu beseitigen. Packende, direkte Solidarität in diesen außergewöhnlichen Zeiten.

Nach dem gemeinsamen Abendbrot brechen wir gegen 20 Uhr erschöpft nach Hause auf. Die Knochen tun uns weh, so manche Blase ziert die Hände, aber die Freude, unsere Verwandten wohlbehalten angetroffen und ihnen in dieser schweren Zeit geholfen zu haben, lässt uns das schnell vergessen.

Am Montag, dem 2. September, ist das Blumengeschäft meiner Tante wieder geöffnet. Der Alltag kehrt wieder ein in Eilenburg.

Galgenhumor und Optimismus – nur schweigen will niemand*

Henrik Berger

Für Angst ist auf dem Damm von Pratau kein Platz. Nur für unendlich viele Sandsäcke. In bastbraunen Reihen kleben sie überall dort, wo sich die Elbe durch die letzte Barriere vor dem Ort zu pressen droht. Die Elbe? Zwischen Wittenberg und dem Nachbarort Pratau hat sich der Fluss in ein braunes, drei Kilometer breites Meer verwandelt, das träge an den Dämmen entlang flutet. Noch ist die Stimmung unter den Freiwilligen, die dem Hilferuf der Lutherstadt gefolgt sind, gut - irgendwo zwischen Galgenhumor und Optimismus - nur schweigen will niemand, während Fuhre um Fuhre neue Sandsäcke anrollen.

Blick auf Pratau: Die Elbe liegt noch auf der Lauer

„Hat mal jemand eine neue Bandscheibe?" Im Angebot sind nur Getränke, die die Feuerwehr ab und

Der Sandsack wurde zum Symbol des „zivilen Widerstandes" gegen die Flut

zu vorbei bringt, wenn es mit dem Sandnachschub einige Minuten hapert. Dafür, dass der Nachbarort knapp vor dem Untergang steht, sind wenige Wittenberger gekommen. Zwei Ilmenauer sind hier, die nicht „zu Hause in der Sonne sitzen wollen, wenn woanders jede Hand gebraucht wird", wie Christian Müller sagt, bevor er sich den nächsten Sack von der Ladefläche zieht. „Ich hoffe, wenn es uns mal so dreckig geht, stehen wir auch nicht ganz allein da", lächelt er, als die anderen etwas verdutzt schauen.

Freitag, 16 Uhr. Das Wasser ist in den letzten Stunden weiter gestiegen, nur noch ein halber Meter fehlt zur Dammkrone. Herbert Schnee klopft eine selbst gebaute Messlatte in den Damm, seit Donnerstag schon gibt es keine offiziellen Meldungen mehr. Genau vor dem Grundstück des 79-Jährigen an der Dabruhner Straße suppt die Elbe durch den aufgeweichten Damm. Egal, ob Bruch oder Überflutung, binnen Sekunden hätte der sonnenverbrannte Mann mit den Lachfalten um die von Tagen ohne Schlaf schwarz geränderten Augen alles

* Erschienen am 21.08.2002 in „Freies Wort" Suhl

verloren. „Und wenn schon“, behauptet er mit geschürzten Lippen, „im Krieg hab ich Schlimmeres erlebt.“

18 Uhr. Die Trennlinie zwischen Realität und Verdrängung verläuft genau zwischen den Sandsackschichtern und den Anwohnern, die soeben per Durchsage aufgefordert werden, sich sofort zu den Evakuierungsbussen zu begeben. Wer weiter arbeiten will, kann vorerst bleiben - keiner geht. Der Sonneberger Danny Böhling könnte auch gar nicht, wenn er denn wollte. Für den Bundeswehrsoldaten auf selbst gewähltem Sonderurlaub gilt überall, wo Katastrophenalarm ausgerufen wird, die Dienstpflicht - rund um die Uhr, wenn es sein muss. In Pratau muss es sein. Der muskulöse Thüringer ist schon seit Tagen im Hochwassergebiet und vielleicht deshalb der Nachdenklichste der kleinen Helfergruppe. Ständig wandern seine Augen zur Elbbrücke, unter der nur noch wenige Zentimeter bis zur Wasseroberfläche frei geblieben sind. „Das ist der Maßstab“, sagt er. „Wenn der Fluss nicht mehr durchfließen kann, gibt es einen Rückstau und das war es dann.“

20 Uhr. Herbert Schnee hat Besuch bekommen und winkt mit zwei Flaschen Bier. Kurz darauf sitzen alle im Garten des Rentners, der gerade seinen gleichaltrigen Freund durch die Beete scheucht: „Otto, hol' Petersilie und Schnittlauch, wenn das Wasser kommt, ist alles weg!“ Otto schneidet und lacht, als hätte Herbert Schnee gerade einen guten Witz gemacht. Die Sandbarrieren am Damm sind inzwischen genauso braun wie das schlammige Wasser des Elbmeeres, geräuschlos sind die Säcke durchgeweicht. Zweihundert Meter weiter sieht es brenzliger aus, am Sportplatz steht das Wasser auf der Dammkrone. Unzählige Freiwillige türmen hier seit Stunden immer höhere Schichten auf. Es ist ein ungleicher Kampf - einige Tonnen Sand gegen Millionen Liter brackigen Elbwassers.

Die Elbe brachte auch das THW zum schlingern

Um 21 Uhr versucht die Feuerwehr, den Damm „von Zivilisten zu räumen“. Noch aber sind Sandsäcke da, still und konsequent überhören die Helfer die Weisung und schichten weiter, eine Stunde lang. Erst mit dem letzten Handschlag kommt die Erschöpfung. Was bleibt, ist die Hoffnung, „morgen früh hier noch etwas vorzufinden.“ Die Ilmenauer nächtigen im Auto, auf einer Anhöhe in der Nähe der Wittenberger Altstadt. Einer vorn, einer im Kofferraum, nach knapp 120 Tonnen Sandsäcken, wie Christian ausgerechnet hat, ist es egal, in welcher Stellung man vom Schlaf übermannt wird.

Samstagmorgen währt die Freude nur kurz. Die Dämme haben gehalten! Aber die Elbe steigt weiter. Die ganze Nacht hindurch haben Radiosender Hilferufe ins Land geschickt, mehr als tausend Freiwillige aus allen Regionen stehen bereit, im letzten Moment dem Wasser Paroli zu bieten. Bayern, Norddeutsche, Schwaben, acht weitere Ilmenauer sind da, vom Kneipenwirt bis zum Bauunternehmer, Schüler und Rentner, es ist tatsächlich da, dieses Gefühl der Zusammengehörigkeit, das die Politiker seit Wochen herbeizureden suchten.

Die Bundeswehr und das THW rücken mit schwerem Gerät ein. Zu spät? Gekommen sind auch die Journalisten, „die Vorboten des Bösen", wie jemand missmutig brummt: n-tv, Phoenix, ARD, ZDF, SAT 1 und MDR sorgen dafür, dass sich Pratau medial in die Reihe der Katastrophenstädte einfügt.

Mit schwerer Technik trotzte das THW dem Hochwasser

Samstag 10 Uhr. Jetzt ist die Angst da. Für zwei Stunden bleibt sie bei allen, die auf den Dämmen arbeiten, von denen die Reporter sagen, dass sie

Auch Wittenberg bereitete sich auf die Flutwelle vor

jeden Moment brechen können. Wer mit dem eigenen Auto hier ist, wird aufgefordert, auf der Brücke zu parken, „in Fluchtrichtung Wittenberg". Zu lange dauern die Pausen, in denen kein Sand geliefert wird, zu viel Zeit, um sich Gedanken darüber zu machen, was passieren würde, wenn der Fluss gewinnen sollte.

Dann ist da wieder diese Sperre im Kopf, die ständig signalisiert, dass nicht sein kann, was nicht sein darf. Mit Erfolg. Die Sandsäcke kommen! In Kleintransportern aller Unternehmen, „Wasserbettenbau" steht auf einem von ihnen, „Bautaucherei" auf einem anderen, alles lacht. Lachen befreit. Im Fünf-Minuten-Takt fliegen die Hubschrauber der Bundeswehr neue Säcke heran, die langen Ketten der Helfer ducken sich kurz, Sand und Wassertropfen wirbeln um sie herum, dann geht es weiter.

Der Galgenhumor hat wieder die Oberhand bekommen. Ist das nicht herrlich, wie hier alle mithelfen? „Fast wie früher“, meint Andreas aus Pratau und kramt für die Freiwilligen aus Dachau, Stuttgart und Passau an seiner Seite alte sozialistische Parolen hervor: „So wie Ihr heute arbeitet, werden wir morgen leben!“

18 Uhr. Es gibt La-Ola-Wellen auf dem Damm, die Säcke werden im Takt durchgereicht und einzeln kommentiert. Was ist ein Lachsack? Ein Sack, der weniger als zehn Kilogramm enthält und fast mit einer Hand weitergegeben werden kann. Es gibt nicht viele Lachsäcke.

20 Uhr. Langsam geht die Sonne unter. Es könnte romantisch sein, wie sich die Hubschrauber gegen den roten Himmel abheben. Kaffee, Kuchen und belegte Brote von den wenigen Anwohnern, die noch nicht geflüchtet sind, halten die Kräfte selbst derjenigen beisammen, die seit Tagen im Dauereinsatz sind. Das THW hat Flutlichtanlagen aufgebaut. Die Elbe steht an der zweiten Schicht der Sandsäcke und drückt überall durch den Damm. Ein Durchbruch? Unmöglich.

23.50 Uhr. Die letzten Helfer verlassen Pratau und wollen nach etwas Schlaf wiederkommen. Eine Rückkehr gibt es nicht. Um 0.15 Uhr bricht der Damm am Sportplatz. Die Ilmenauer erfahren es auf einem Parkplatz in der Nähe der Einsatzzentrale in Wittenberg, der ihr Nachtquartier werden soll. Alles umsonst. Einige weinen. Alles umsonst? Nein, sagen die Feuerwehrmänner, ohne die Arbeit der Freiwilligen wäre alles schon viel früher verloren gewesen. Bröckchenweise kommen die neuesten Informationen aus Pratau, unvollständig, zu schnell hat die Flut den Ort überwältigt. Selbst jetzt ist die Realität schwer zu akzeptieren. Auf ihrer letzten Runde durch die untergehenden Straßen hat die Polizei auch versucht, Herbert Schnee zur Flucht zu bewegen. In einigen Stunden kann das Wasser mehrere Meter hoch in Pratau stehen. Er sagte wieder, er habe schon Schlimmeres überlebt. Und blieb.

Der Deich bei Pratau

Am nächsten Morgen zeigt sich, dass die schlimmsten Befürchtungen nicht eingetroffen sind. Die Sandsäcke trotzen dem Strom noch immer. Gerade zehn Meter breit ist der Dammbruch am Sonntagmorgen in Pratau, vielleicht sogar wieder abzudichten. Mit dieser Nachricht kommt auch die Hoffnung wieder zurück. Der Bundespräsident hat am Samstag noch einmal das ganze Land gebeten: „Bitte helfen Sie mit, stehen Sie nicht abseits!“ Nach Pratau wird es andere Städte treffen. Noch immer wird jede Hand gebraucht.

Von Bayern nach Dessau

Klaus Fischer

Freitag, 16.August, 19.30 Uhr: Florian München-Land alarmiert die FF Ottobrunn. Personal und Geräte sollen zusammengestellt werden für den Hochwassereinsatz. Wie alle Kameraden hatte ich im Fernsehen verfolgt, wie die Wassermassen immer mehr Orte und Städte verwüsteten und konnte mir gut vorstellen, was auf die flussabwärtigen Anlieger von Mulde und Elbe noch zukommen würde – insbesondere, da ich beruflich bedingt von 1992 bis 2000 in Zeitz gelebt und bei Lehrgängen an der BKS Heyrothsberge mit manchem Kameraden die Schulbank gedrückt habe, deren Ortsnamen ich nun in den Nachrichten hörte.

Samstag, 17. August: 154 Kameradinnen und Kameraden aus 12 freiwilligen Feuerwehren des Landkreises München treten im Konvoi die 500 Kilometer lange Reise nach Dessau an. Sie sind Teil eines 2.000 Mann starken bayerischen Hilfskontingentes. Ottobrunn stellt 14 Kameraden, ein Kleinalarmfahrzeug mit Anhänger, ein LF 16/12 und einen Wechsellader mit Aufbau Schlauch. Die Beladung ergänzten wir um Tauchpumpen, Wechselkleidung, Getränke und Verpflegung. Zur autarken Versorgung haben wir auch Kaffeemaschine, Kochplatte und Campingklo dabei. Strom liefert unser 40-kVA-Generatoranhänger.

Sofort nach Eintreffen und Bezug unserer Unterkunft in einem Klassenzimmer in der Schule an der Mauerstraße geht es in Richtung Dessau-Großkühnau. Es ist auf ca. 1 Kilometer Länge der Deich zu erhöhen. Dort arbeiten Kameraden aus dem Kreis Miltenberg, die – vom Main hochwassererprobt – wissen, wie ein Sandsackwall geschichtet wird. Wir schleppen die Sandsäcke herbei. Aber zuerst muss der Deich mit Kettensägen freigeschnitten werden, offensichtlich wurde die Deichpflege über Jahrzehnte vernachlässigt. Tief beeindruckt uns das Verhalten der Bevölkerung. Die Innenstadt macht einen ausgestorbenen Eindruck. Ferien? Geflüchtet? Evakuiert? Nirgends stören Schaulustige. Und dann treffen wir Tausende von jungen Menschen, die Sandsäcke transportieren, oder Handwerker, die mit ihren Transportern Sandsäcke fahren und dabei Schäden durch eine Überbelastung von Federung und Kupplung in Kauf nehmen. Männer und junge Frauen reihen sich in die Helferketten ein und packen an bis zur körperlichen Erschöpfung.

Angehörige der FF Ottobrunn nach 500 km Anfahrt am Ziel

In der Nacht bleiben die beiden Ottobrunner Maschinisten zurück und leuchten mit dem LF 16 und mit den sechs 1500 Watt-Scheinwerfern am Stromaggregat Teile der Deichbaustelle aus. Nach nur kurzer Nachtruhe erhöhen wir am Sonntag, dem 18. August, ab 8.40 Uhr weiter den Deich. Am Nachmittag kehrt Ruhe ein. Wir kontrollieren unseren Abschnitt und stopfen eine Sickerstelle. Ich wusste von Dank und Hilfsbereitschaft der Anwohner aus dem Fernsehen, aber wenn man es selber erlebt, berührt es einen wesentlich mehr. Ein Radfahrer kommt: „Wollt Ihr Obstkuchen?“ Er verteilt ihn und radelt zurück, um das nächste Blech aus dem Ofen zu holen. Ein weiterer verschwitzter, aber lauer Sommerabend geht zu Ende.

Montag, 19. August: eine neue Einsatzstelle. Sickerstellen am Deich zwischen der Autobahn Dessau-Ost und Schwedenwall müssen gestopft werden. Eile tut Not. Auf der einen Seite Überschwemmungsgebiet, an der anderen Seite, 2 Meter tiefer, wachsen die Pfützen auf der Wiese. Hunderte bayerische, thüringische und sachsen-anhaltinische Kameraden wuchten zusammen mit Mitbürgern stundenlang Sandsäcke. Ein harter, schweißtreibender Job bei 30 °C im Schatten. Lob an die örtlichen Organisatoren, die uns unermüdlich mit Mineralwasserflaschen versorgen.

Abends die Überraschung, es heißt: „Wir brauchen die Bayern nicht mehr!“ Keiner versteht die Entscheidung, denn im Radio hören wir Hilferufe nach Helfern, so aus dem nahen Jessen. Nachts wird die Meldung widerrufen. Unsere Entscheidung steht aber, wir fahren nach Hause. Um Konflikte mit Familien und Arbeitgebern zu vermeiden, hatten die Ottobrunner und andere Kameraden schon beabsichtigt, eine Ablösung vorzunehmen. Im Landkreis München sitzen verärgert hunderte Kameraden auf gepackten Koffern, hoch motiviert zur Hilfe. Zurück bleiben unvergessliche Eindrücke, positiv besonders von dem selbstlosen Engagement der Bevölkerung und negativ von der unverständlichen Abberufung.

Ottobrunner Feuerwehrkameraden beim Sichern der Deiche

Wer sich nicht wehrt, hat schon verloren! Das Wunder von Mühlberg

Wer kennt eigentlich Mühlberg? Natürlich die Menschen im brandenburgischen Landkreis Elbe-Elster, in dessen südwestlichen Zipfel die Kleinstadt liegt. Gewiss, auch andere werden Mühlberg kennen, der verschiedensten Gründe wegen: Sie haben Verwandte oder Freunde in Mühlberg, waren vielleicht einmal zu Besuch in der Stadt an der Elbe oder standen sogar auf dem Rasen im sportlichen Wettstreit gegen die Mühlberger Fußballer. Denn ihr Verein SV Empor Mühlberg hat im Land Brandenburg einen guten Klang. Und natürlich in Gutach, mitten im Schwarzwald, kennt man Mühlberg sehr genau. Denn seit 1991 sind beide Städte partnerschaftlich verbunden.

Aber auch das mittelalterliche Mühlberg könnte möglicherweise Interesse wecken: Aus einer slawischen Ansiedlung entstand Mühlberg an einem der wichtigsten Handelswege, die von Ost nach West führten. Bereits 1230 erhielt Mühlberg das Stadtrecht. Zu dieser Zeit schlängelte sich die Elbe mitten durch die Stadt und teilte sie in eine Alt- und in eine Neustadt. Die beiden Teile der Stadt waren durch eine Holzbrücke miteinander verbunden, welche auf steinernen Säulen stand. Es gab auch eine Schlacht bei Mühlberg – 1547, in der, im so genannten Schmalkaldischen Krieg, Kaiser Karl V. gegen die von Johann Friedrich von Sachsen geführten Truppen des protestantischen Lagers siegte.

Wer von der Kurstadt Bad Liebenwerda kommend, auf der Ortsverbindungsstraße nach etwa 15 Kilometern Fahrt Mühlberg erreicht, dem fallen schon von weitem zwei markante Gebäude auf: Zunächst erreicht man das 1228 gegründete Zisterzienserkloster Marienstern, das allerdings schon 1559 wieder aufgegeben wurde. Geblieben ist ein imposanter Backsteinbau mit einer in Kreuzform errichteten Kirche und einigen Nebengebäuden. Fährt der Besucher weiter in Richtung Elbe, gelangt er über den Markt mit dem 1543 gebauten Rathaus zur hoch aufragenden evangelischen Frauenkirche, die von 1487 bis 1525 entstand.

Mühlberg hat außerdem ein Schloss, welches 1272 als Wasserburg in den Annalen erstmals eine Erwähnung fand. Nach einem Brand wurde es 1545 im Renaissancestil wieder aufgebaut und ist heute denkmalgeschützt, jedoch leider in einem schlechten baulichen Zustand.

Die Menschen in Mühlberg lebten über viele Jahrhunderte hinweg fast ausschließlich von der Binnenschifffahrt und der Fischerei. Erst als der damals noch weitgeschwungene Bogen der Elbe in den Jahren 1827 bis 1862 begradigt wurde, verlor Mühlberg seine Anbindung an den Fluss. Obwohl es noch eine Hafenzufahrt gab, ging es wirtschaftlich bergab, denn der Hafen wurde von nun an immer weniger genutzt. Die Stadt Mühlberg hatte zur Zeit der DDR über 3.000 Einwohner. Heute sind es vielleicht noch 2.700 oder schon weniger. Schlechte Verkehrsanbindungen – keine Eisenbahn, keine Fernverkehrsstraße – verhindern wirtschaftliche Neuansiedlungen. Nur ein Kieswerk, eine kleine Möbelfabrik und eine Agrargenossenschaft sind zur Zeit größere Arbeitgeber; hinzu kommen kleine Handwerksbetriebe und Gewerbetreibende.

Seit 2001 gehören zur so genannten „amtsfreien Stadt“ Mühlberg die ehemaligen Gemeinden Brottewitz, Martinskirchen, Koßdorf, Lönnewitz, Altenau, Borschütz und Fichtenberg, die nun zu Ortsteilen geworden sind. Mit diesen eingemeindeten Dörfern hat Mühlberg heute etwa 5.000 Einwohner.

Mühlberg - eine verträumte Stadt an der Elbe. Doch im August 2002 horchten viele Menschen auf, wenn in den Zeitungen, im Radio oder im Fernsehen der Name Mühlberg genannt wurde. Die Elbeflut und das „Wunder von Mühlberg“ waren in aller Munde!

Montag, 12. August: Regen, Regen, Regen!
Der Himmel über Mühlberg ist an diesem Tag völlig konturenlos. Tiefhängende, graue Regenwolken werden von einem böigen Wind von West nach Ost geschoben. Es regnet unaufhörlich und die Wasserflut, die vom Himmel stürzt, ist so dicht, dass der schlanke, hohe Turm der Klosterkirche nur noch schemenhaft zu erkennen ist. Die pfützenübersäten Straßen und Gassen der Stadt bleiben nahezu menschenleer. Wer geht schon gern aus dem Haus, wenn es Bindfäden regnet? Unglaubliche 135 Liter Regenwasser pro Quadratmeter werden an diesem Tag in der Region um Bad Liebenwerda und Mühlberg gemessen. Das sind sonst die Niederschläge für einen ganzen Monat.

Wolkenbruchartige Regenfälle läuteten das Drama ein

Als es Abend wird und das Dämmerlicht des Regentages sich langsam in dunle Nacht verwandelt, sitzen viele Mühlberger vor ihren Fernsehapparaten. Und dies aus gutem Grund: Nicht Fernsehserien oder Spielfilme interessieren besonders, sondern Nachrichten über das Wetter. Nach der Tagesschau bringt die ARD einen „Brennpunkt“: Unwetter in Italien und Österreich. Donauhochwasser in Passau und dann die ersten Schreckensmeldungen aus dem Erzgebirge. Flüsse sind zu reißenden Strömen geworden, die Pegel der Elbe steigen. Viele der Mühlberger gehen an diesem Abend beunruhigt zu Bett, denn sie leben an der Elbe und kennen ihren Fluss.

Dienstag, 13. August: Das Drama beginnt
Es regnet zwar nicht mehr so intensiv wie am Tag zuvor, aber dennoch, es ist beängstigend. In viele Keller der Stadt ist das Wasser schon eingedrungen, auf den meisten Straßen steht es in tiefen Pfützen. Die örtliche Feuerwehr rückt zu ihren ersten Einsätzen aus. Die Unruhe unter den Menschen steigt.

Uwe Kaupsch (45), der stellvertretende Bürgermeister von Mühlberg, hat 13 Uhr die wichtigsten Mitarbeiter der Stadtverwaltung zusammengerufen. Die Entwicklung der Wettersituation und mögliche

Folgen für die Stadt Mühlberg werden diskutiert. Die Nachrichten sind beunruhigend. Es wird beschlossen, sofort einen Krisenstab zu bilden und die Kreisverwaltung zu informieren. Am Nachmittag wird ein erster Dammriss am Schlossteich gemeldet. Das ist aber nicht weiter schlimm, denn dabei handelt es sich nur um einen Zwischenraum, welcher die ehemalige Kiesgrube im Vorland der Elbe schützen soll.

In der Kreisverwaltung in Herzberg landet gegen 15 Uhr die erste Hochwasserwarnung Stufe A2 des Landesumweltamtes auf dem Tisch des Dezernatleiters für Recht, Ordnung und Sicherheit, Dr. Erhard Haase (50). Dieser setzt sich mit seinen engsten Mitarbeitern zusammen und es wird über die Lage beraten. Allen ist klar, in Mühlberg könnte es zu einer Hochwasserflut kommen. Es darf nicht lange gezögert werden, sich auf eine solche Situation vorzubereiten. Dr. Erhard Haase nimmt Kontakt mit der Stadtverwaltung Mühlberg auf und es wird entschieden, dass 19.30 Uhr die erste Krisensitzung stattfinden wird.

Blick auf Mühlberg und das Hafenbecken während der Flut

In Mühlberg ist die Lage bereits bedrohlich: Das Vereinsgebäude der Ruderer, welches direkt am Hafen steht, ist schon vom Wasser umspült. Die Sportler bringen ihre Boote in Sicherheit. Die Elbe hat sich bis ins Vorland ausgebreitet. Die ersten Mühlberger Bürger beginnen, ihre persönlichen Sandsäcke zu füllen.

Der Leiter des Mühlberger Schifffahrtsamtes, Lutz Klar, hält die Lage für angespannt: „Ich will keine Panik machen, aber das sieht nicht gut aus. Da kommt noch einiges auf uns zu“, glaubt er.

Der Elbe-Pegel in Torgau, der auch für Mühlberg maßgebend ist, wird 18 Uhr gemessen: 8,08 Meter zeigt er an.

Herbert Nittel (65) war bis vor wenigen Jahren Lehrer in Mühlberg. Jetzt ist er Pensionär, aber einer, der sehr aktiv ist. Herbert Nittel ist Archivar und Ortschronist der Stadt Mühlberg. Als es am Abend nur noch in Schauern regnet, macht er mit seiner Frau einen Spaziergang zum Schlossteich, der von seinem Haus nur einige hundert Meter entfernt liegt. Hier erleben beide ein nie gesehenes Naturschauspiel: Als sie von der Höhe des Deiches zum etwa 500 Meter entfernt liegenden Zwischenteich blicken, bricht dieser plötzlich mit einem fernen Getöse auseinander. Die gelbbraunen Fluten der Elbe stürzen nun mit immenser Gewalt in den Schlossteich, einen ehemaligen Kiessee. Ein Baum wird durch die Deichöffnung gepresst – fast scheint es, als wolle er in die Höhe schnellen, dann erreicht er binnen weniger Minuten die Mitte des Teiches, wo er sich scheinbar ratlos mehrfach im Kreise dreht. „Oh, Christiana“, sagt Herbert Nittel voller Sorge zu seiner Frau. „Ich glaube, uns stehen schlimme Tage bevor.“

Nonnenhorn am Bodensee. Hier verbringen seit einer Woche Alexander Wald und seine Frau Carola ihren Urlaub. Sie erhalten gegen Mittag einen Anruf von ihrer Tochter Sylvia, die in Mühlberg das Haus hütet. „Vati, kommt sofort nach Hause“, ruft sie erregt ins Telefon, „ich glaube, wir saufen ab. Das Wasser steht schon im Garten!“ Alexander Wald ist sehr erschrocken. Obwohl er die Unwettermeldungen im Fernsehen verfolgt hatte, sind er und seine Frau jetzt aufs Äußerste besorgt. Sie brechen ihren Urlaub sofort ab und fahren mit dem Auto zurück. Am Abend sind sie in Mühlberg. Wie sie ihr Haus vorfinden, übertrifft die schlimmsten Befürchtungen: Das Haus direkt liegt am Hafen, schräg gegenüber dem Vereinshaus der Ruderer. Im tiefer liegender Garten steht bereits das Wasser. Alexander Wald beginnt, mit seinen herbeigerufenen Verwandten die wichtigsten Möbel und Gegenstände aus dem Erdgeschoss in die obere Etage zu schaffen. Nachdem er das erledigt hat, geht er 21.30 Uhr ins Rathaus und meldet sich vom Urlaub zurück, denn er ist Ordnungsamtsleiter der Stadt Mühlberg.

19.30 Uhr treffen sich die Mitarbeiter des Landkreises, der Stadt Mühlberg und Verantwortliche der Feuerwehr zur ersten Krisensitzung im Rathaus. Vom Landesumweltamt ist Siegmar Tilgner (62) aus Cottbus angereist. Der Elbe-Pegel wurde 19.07 Uhr mit 8,12 Metern gemessen, also schon 4 cm höher als eine Stunde zuvor. Man merkt den Versammelten die Verunsicherung an. Siegmar Tilgner, er ist Dezernatsleiter Wasserbau und Hochwasserschutz beim Landesumweltamt (LUA), gibt eine kurze Einschätzung der Situation. Anschließend informieren die Mitarbeiter der Mühlberger Stadtverwaltung über die ersten Maßnahmen, die sie bereits veranlasst haben. Spätestens jetzt ist allen klar, dass konzentriert gearbeitet werden muss. Erste Entscheidungen werden getroffen: Alle Durchfahrten an den Elbdämmen, das sind zwölf Stück auf brandenburgischem Gebiet sowie einer im sächsischen Strehla, müssen sofort gesperrt und gesichert werden. Die Feuerwehr, der Bauhof der Stadt Mühlberg sowie Helfer des Kieswerkes mit technischen Geräten (Fahrzeuge, Raupen und Bagger) erledigen das noch in derselben Nacht.

Vom Krisenstab werden am Abend 100.000 Sandsäcke, Folienbahnen sowie Funkgeräte beim Katastrophenschutz des Kreises angefordert. Die Firma ELBEKIES GmbH wird beauftragt, den notwendigen Sand vorzuhalten. Eine technische Einsatzleitung wird gebildet. Auch über die Notwendigkeit, Deichläufer einzusetzen, wird gesprochen. Ein dringendes Hilfersuchen geht an die Bundeswehr. Noch am Abend wird ein Lautsprecherwagen durch die Straßen Mühlbergs geschickt, um die Bevölkerung zu warnen.

Kerstin Höpner-Miech (36) ist evangelische Pfarrerin in Mühlberg. Sie trifft Teilnehmer des Krisenstabes beim Verlassen des Rathauses. Was diese zu berichten haben, ist für die Pfarrerin sehr beunruhigend. Sie denkt sofort an die Kirche, an die Abtei und an ihr kleines Haus – alle diese Gebäude stehen unmittelbar hinter den Deichanlagen. Noch in der Nacht beginnt sie mit ihrem Mann, die wichtigsten Dinge in die oberen Etagen zu verfrachten. An Schlaf ist jedenfalls nicht zu denken!

Mittwoch, 14. August: Die Gefahr ist erkannt

Am Morgen hat es endlich aufgehört zu regnen. Zwar ziehen noch hohe Wolkenformationen am Himmel dahin, doch aus einem Dunstschleier wird bereits die Sonne sichtbar. Es ist 8 Uhr, als sich der

Krisenstab wieder im Mühlberger Rathaus versammelt. Landrat Klaus Richter (55), der am Vortag noch zu einer Beratung in Potsdam weilte, ist jetzt anwesend und übernimmt die Leitung. Die Teilnehmerzahl an dieser Krisensitzung ist wesentlich größer als am Vortag, denn die Vertreter der Polizei, der Energieversorgungsunternehmen, der Deutschen Bahn AG, des Deutschen Roten Kreuzes und andere sind hinzugekommen. Was ganz besonders wichtig ist, die Experten des Gewässerschutzes beim Landesumweltamt sind mit einem ganzen Stab gekommen. Neben Sigmar Tilgner ist nun auch Wolfgang Genehr (55), Leiter der Außenstelle Cottbus des LUA, anwesend. Beide waren schon während der Oderflut 1997 engste Berater des „Deichgrafen" Matthias Platzeck.

Seitens der Kreisverwaltung sind außer dem Landrat wieder Dr. Erhard Haase gekommen und Reiner Sehring (45), Ordnungsamtsleiter des Landkreises. Der Letztere wird später die Leitung des Katastrophenstabes in Herzberg übernehmen.

Der Elbe-Pegel betrug 6 Uhr 8,43 Meter, mit einem Ansteigen im Laufe des Tages um rund 70 cm wird gerechnet – also enorm steigende Tendenz! Die Alarmstufe A3 wird ausgerufen; A4 angekündigt – das bedeutet Evakuierung. Die Bürger in Mühlberg werden umgehend über den Stadt-Fernsehkanal und abermals mit Lautsprecherwagen informiert. Landrat Klaus Richter steht unter Hochspannung. Noch nie in seinem Leben hat er vor einer derart schwierigen Situation gestanden. Er weiß, er muss jetzt vor allem einen kühlen Kopf bewahren. Vielfache Informationen strömen auf ihn ein, die es zu bewerten und zu verarbeiten gilt. Im Laufe der Sitzung des Krisenstabes gelingt es ihm, alles das innerlich zu bewältigen. Er wird entspannter und leitet mit sicherer Hand die Versammlung, deren Teilnehmer alle sehr konzentriert wirken. Klaus Richter trifft spontan eine Entscheidung, die ihm nicht leicht fällt, die sich aber später als völlig richtig erweist. Entgegen den Katastrophenschutzplänen des Kreises – nach denen die Verantwortlichen der Feuerwehr den Krisenstab zu leiten hätten – entscheidet er, die Leitung des Krisenstabes selbst zu übernehmen.

Die überflutete Zufahrtsstraße zur Elbfähre

Als erstes wird über den Einsatz der Deichläufer beraten. Alexander Wald, der in der Nacht keinen Schlaf gefunden hatte, wird beauftragt, das Erforderliche zu organisieren. Dann ein ganz wichtiger Punkt: Nach eingehender Diskussion wird entschieden, die gesamte brandenburgische Länge der Elbdeiche in vier Abschnitte aufzuteilen. Jeweils ein Mitarbeiter des LUA und ein einheimischer Feuerwehrmann sind für einen Abschnitt zuständig. Sie sind von nun an für die Ermittlung der Schadstellen in ihrem jeweiligen Deichbereich verantwortlich und leiten dann auch die darauf folgenden Sicherungsmaßnahmen. Diese Regelung war eine Erfahrung der 97er Oderflut, und sollte sich nun auch in Mühlberg bewähren.

In den Straßen der Stadt Mühlberg ist während des Vormittags hektische Betriebsamkeit ausgebrochen. Die Angst vor der drohenden Flut steht vielen ins Gesicht geschrieben. Gruppen von Menschen stehen beieinander und diskutieren, andere sind schon weiter und handeln. Am Hafen, überall in den Straßen und Gassen stapeln die Menschen Sandsäcke vor ihren Türen, vernageln oder vermauern tiefer liegende Fenster. 11.30 Uhr ist kein Sandsack mehr aufzutreiben, weitere 150.000 Stück müssen schnell aus dem Zentralen Katastrophenlager in Beeskow herangeschafft werden. Schon gegen 14 Uhr treffen sie ein. Im Hof des Klosters „Marienstern“, wo auch der Mühlberger Bauhof sein Domozil hat, können sich die Einwohner Sandsäcke holen oder beim Füllen derselben helfen. Es geht dort zu wie in einem Bienenkorb: Ankommen und wieder abfahren, fast ein Chaos. Aber was dabei auffällt, die Menschen sind freundlich zueinander, es fallen keine bösen Worte – alle sind von einem offenbar zunehmenden Zusammengehörigkeitsgefühl erfasst. Mühlberg ist bereit, den Kampf gegen die Flut aufzunehmen.

Alexander Wald, der Leiter des Ordnungsamtes in Mühlberg, hat gegen 9 Uhr damit begonnen, den Einsatz der Deichläufer zu organisieren. Für sein eigenes Haus, dass bald unter Wasser stehen wird, hat er keine Zeit mehr. Genügend Deichläuer zu finden, ist nicht schwer. Zahlreiche Bürger haben sich dafür angeboten, doch nicht jeder ist dazu geeignet. Schließlich werden die ersten 20 Männer berufen. Die Deiche werden in 9 Abschnitte aufgeteilt, die von jeweils zwei Deichläufern im Abstand von sechs Stunden kontrolliert werden. Nach einer kurzen Einweisung gehen 11 Uhr die ersten Gruppen der Deichläufer erstmals auf die Dämme. Ihre Aufgabe ist es, den Zustand der Deiche vor Ort zu beurteilen. Gibt es Sickerstellen oder Durchfeuchtungen, müssen Ausbesserungen oder Erhöhungen vorgenommen werden? So viel ist sicher: Deichläufer zu sein, ist eine verantwortungsvolle Aufgabe!

Auch in Mühlberg wurden Tag und Nacht Sandsäcke gefüllt

Auch Stadtarchivar Herbert Nittel ist trotz seiner 65 Jahre unter den Deichläufern. Das fällt ihm nicht leicht. Hohes Gras und Stauden, Gebüsch, manchmal auch Bäume erschweren das Gehen und machen schnell müde. Nach sechs Stunden Pause folgt schon ein neuer Einsatz; auch nachts. An verschiedenen Stellen der Deiche werden in den nächsten Tagen hohe Scheinwerfer aufgestellt, um die Dämme zu beleuchten.

Alexander Wald findet mittags Zeit, nach seinem Haus zu sehen. Er muss mit einer Leiter in sein Wohnzimmerfenster einsteigen – vom „Fensterln“ kann da wohl nicht die Rede sein. Der Garten steht bereits gut 50 Zentimeter unter Wasser. Seine Schafe und Hühner haben sich auf eine höher liegende Stelle gerettet, wo sie wie auf einer Insel stehen, von der schmutzig braunen Brühe des Wassers umgeben. Am Abend kann er sie vor den Fluten retten.

Siegmar Tilgner zieht am Mittag vor der Presse eine erste Bilanz und wird in der Elbe-Elster Rundschau so zitiert: „Wir haben einen gewissen Vorlauf geschaffen. Jetzt müssen wir abwarten, was die Deichläufer sagen und schnellstmöglich die Deiche sichern. Sie stehen jetzt gerade mal acht Stunden unter Wasser, aber wir müssen damit rechnen, dass es acht Tage werden."

Als mittags 12 Uhr der Krisenstab erneut tagt, sind die ersten Einsatzkräfte von Polizei, Bundeswehr und Feuerwehr bereits in Mühlberg. Jetzt gilt es, sie sinnvoll und zielgerecht einzusetzen. Landrat Klaus Richter erlässt eine allgemeine amtliche Verfügung: Allen nicht in Mühlberg wohnenden Personen wird der Zugang zu Stadt verwehrt! Das durchzusetzten, ist Sache der Polizei. Mit dieser Maßnahme sollen vor allem die Straßen von unnötigem Verkehr bewahrt, aber auch Schaulustige ferngehalten werden. Vom Krisenstab werden zusätzliche Einheiten von Polizei und Bundesgrenzschutz bestellt. Ganz besonders wichtig ist die Anforderung eines Polizeihubschraubers mit einer elektronischer Kamera, die das gesamte Gebiet überwachen soll. Die Polizei, unter Leitung von Schutzbereichsleiter Sven Bogacz, nimmt die Sperrung der Straßen vor. Der Einsatzleiter des DRK, Burkhard Schreiber, bereitet die mit Sicherheit kommenden Evakuierungen vor. „Das passiert erst ab Alarmstufe vier", sagt er zu Susann Winter, der Reporterin der Elbe-Elster Rundschau. „Aber wir werden nicht warten, bis es zu spät ist. Die Leute sind im Notfall angehalten, selbst zu gehen, aber wir können sie nicht zwingen."

Noch halten die Deiche, aber in Mühlberg rechnet man mit dem Schlimmsten; notdürftig sichert man die Gebäude

Am Nachmittag des Mittwochs kommen zum ersten Mal Brandenburgs amtsfrischer Ministerpräsident Matthias Platzeck (SPD) mit Innenminister Jörg Schönbohm (CDU) mit dem Hubschrauber nach Mühlberg. Matthias Platzeck hatte noch am Vormittag mit der Entlassung von Arbeits- und Sozialminister Alwin Ziel sein Kabinett umgebildet. Er ist deshalb noch im feinen Zwirn – sprich Schlips und Kragen – als er in Mühlberg aus dem Hubschrauber steigt. Mit ihm sind Brandenburgs Innenminister Jörg Schönbohm und der Leiter des Landesumweltamtes, Prof. Matthias Freude, in den bedrohten Ort gekommen. Unter Führung von Landrat Klaus Richter geht es zunächst hinaus auf die Deichanlagen. An der so genannten „Lügenbank“ angekommen – das sind zwei Holzbänke auf der Deichkrone, auf denen sich die Senioren äußerst fragwürdige Geschichten erzählen – trifft

Die so genannte Lügenbank auf der Höhe des Deiches

die Gruppe um Platzeck auf Mühlberger Einwohner, die sehr froh sind, endlich den legendären „Deichgrafen“ auch auf den Dämmen ihrer Stadt zu erleben. Platzeck und Schönbohm lassen sich die Situation in Mühlberg erklären, dann geht es zur Lagebesprechung zurück ins Rathaus. Der Ministerpräsident und sein Innenminister sind über die bisher eingeleiteten Maßnahmen sehr zufrieden, geben eigene Hinweise und versprechen die Unterstützung des Landes in allem, was nötig sein wird. Von diesem Zeitpunkt an stehen der Krisenstab und der Ministerpräsident in ständiger Funkverbindung miteinander. Anschließend sagt Platzeck gegenüber der Elbe-Elster Rundschau: „Die Evakuierung wird mit Sicherheit erfolgen: Das Wasser steht im Moment 1,70 Meter unter der Deichkrone. Wenn nur noch ein Meter Platz ist werden wir evakuieren. Im Pflegeheim ist damit schon begonnen worden.“

Um 19 Uhr folgt die nächste Krisensitzung. Landrat Klaus Richter löst den Katastrophenalarm A4 aus – das bedeutet Evakuierung! Bereits in den Stunden zuvor war das Pflegeheim geräumt worden. Jetzt gilt es, die Evakuierungspläne für die gesamte Bevölkerung der Stadt sehr schnell umzusetzen. Die Schule im nahegelegenen Neuburxdorf wird zum Evakuierungsort bestimmt. Für die äußerst schwierige Durchsetzung dieser Maßnahme ist die am Tag zuvor gebildete Sondereinsatzgruppe des Ka-

Ministerpräsident Platzeck pendelte während des Hochwassers ständig zwischen Mühlberg und Wittenberge

tastrophenschutzes verantwortlich. Unterkünfte, Betreuung und Verpflegung der Evakuierten müssen organisiert werden – das alles sind unendlich schwierige Aufgaben, wie sich bald zeigen sollte.

Gegen 20 Uhr treffen die ersten 100 Soldaten der Bundeswehr in Mühlberg ein. Erst drei Stunden vorher wurden sie in Doberlug vereidigt. Zu diesem Zeitpunkt konnten sie nicht ahnen, dass sie nur wenige Stunden später an einer Hochwasserflut stehen würden. Die jungen Soldaten sichern in der Nacht die wichtigsten öffentlichen Gebäude (das Rathaus, die Kirche und andere) mit Sandsäcken gegen die zu erwartende Flut. 22 Uhr tagt der vollständig versammelte Krisenstab zum vierten und letzten Mal an diesem Tag. Weil man im Rathaus, das nur gut hundert Meter hinter den Elbdeichen liegt, vor einer etwaigen Flut nicht sicher ist, wird die Verlegung des Krisenstabes in die Gebäude der Agrargenossenschaft im Mühlberger Ortsteil Weinberge beschlossen. Das zweistöckige Gebäude des landwirtschaftlichen Betriebes bietet nicht nur ausreichend Räumlichkeiten, sondern auch eine günstige Verkehrsanbindung unmittelbar am Ortsausgang von Mühlberg.

Kurz nach der Vereidigung halfen diese Soldaten in Mühlberg

Donnerstag, 15. August: Die Evakuierung

Der Tag wird sehr warm. Am Mittag werden die Säulen der Thermometer bis auf 27 °C klettern – eigentlich das lang ersehnte Badewetter! Doch nicht für jene, die sich überall in Deutschland im verzweifelten Kampf gegen das Hochwasser befinden!

In der ersten Krisensitzung des Tages wird von Landrat Klaus Richter der Vollzug der Evakuierung angeordnet. Bis 14 Uhr soll es auf freiwilliger Basis geschehen, danach mit polizeilichem Nachdruck. Wer sich weigert zu gehen, muss eine schriftliche Erklärung abgeben. Die Sammelpunkte für die Evakuierung werden mit dem Lautsprecherwagen bekannt gegeben. Die meisten Einwohner Mühlbergs folgen der Aufforderung. Sie fahren entweder mit ihren eigenen Autos davon oder steigen in die bereitgestellten Busse. Auch viele Tiere werden mitgenommen und müssen irgendwie untergebracht und versorgt werden. Es herrscht Aufregung, und bei vielen Menschen fließen Tränen – es ist zweifellos einer der schmerzlichsten Momente in der langen Geschichte Mühlbergs! Im Krisenstab kümmert man sich inzwischen um technische Fragen der Sicherung wichtiger Gebäude. Verschiedene Tankstellen, das Wasserwerk in Fichtenberg, die Zuckerfabrik in Brottewitz und andere Bauwerke müssen so gut es geht vor der zu erwartenden Flut geschützt werden.

In der Stadt Mühlberg summt es wie in einem Bienenstock. Die Evakuierung hat am Vormittag begonnen. Soldaten sind überall zu sehen. Sie gehören zum Fallschirmjägerbataillon Doberlug. Schon während der Nacht hatten sie unermüdlich Sandsäcke geschleppt und gestapelt, jetzt am Tag geht es weiter damit. Die Soldaten sehen müde aus, doch sie geben ihr Letztes, um Mühlberg zu helfen! Insgesamt 100 Bundeswehrsoldaten und etwa 150 Feuerwehrleute aus dem Landkreis und aus dem Dahme-Spreewald-Kreis sind jetzt im Einsatz.

Pfarrerin Höpner-Miech war mit dem Auto 3 Uhr nachts zu ihrem Vater nach Rehfeld gefahren, um wenigstens ein paar Stunden ungestört schlafen zu können. Als sie am Morgen nach Mühlberg zurückgekehrt ist, erhält sie einen Anruf von der Gruppe der Notfallseelsorger. Seit dem 1. Januar 2001 gibt es im Landkreis Elbe-Elster 12 Notfallseelsorger, die auf Initiative des Brandenburger Innenministeriums und der evangelischen Kirche berufen wurden. Verschiedene Mitarbeiter im sozialen Bereich und vor allem Pfarrerinnen und Pfarrer wurden dafür verpflichtet. Ihre Aufgaben im alltäglichen Leben sind sehr unterschiedlich und oft schwierig, doch jetzt in der Katastrophe werden sie erst recht gebraucht. Nachdem sich die Notfallseelsorger in Neuburxdorf getroffen hatten, kommt Frau Höpner-Miech nach Mühlberg zurück, um vor allem alten und kranken Menschen bei der Evakuierung zu helfen. Sie wird in den nächsten Tagen erschütternde Szenen der Angst und Verzweiflung erleben, doch sie wird Trost und Hoffnung geben und dabei spüren, dass die Menschen sich in der Not verändern werden!

Auch Pfarrerin Höpner-Miech gehörte zum Kreis der Helfer

Rentner Herbert Nittel hat in der Nacht und am Morgen noch einmal seinen Deichabschnitt abgelaufen. Nachdem die Evakuierung ausgerufen wurde, ist er von seinem Amt als Deichläufer befreit. Von nun an übernehmen Feuerwehrleute und Bundeswehrsoldaten die Wacht an den Deichen und Dämmen. Nachdem Herbert Nittel und seine Frau ihre eigenen Vorbereitungen zu Evakuierung beendet haben, helfen er und sein Nachbar Karl Neiser einer alleinstehenden Frau bei der Sicherung ihres Hauses. Beim Füllen von Sandsäcken auf dem Hof des Klosters widerfährt ihm ein Unglück. Die Schaufel trifft seinen Fuß und verursacht eine tiefe Schnittwunde. Zuerst bemerkt Herbert Nittel die Verwundung nicht, doch dann – heftiges Bluten. Er fährt nach Herzberg ins Kreiskrankenhaus und lässt sich versorgen.

Am Vormittag wird der Umzug des Krisenstabes zum Ortsteil Weinberge vollzogen. Hartmut Meyer (SPD), Bauminister des Landes Brandenburg, hat seinen Urlaub unterbrochen und ist nach Mühlberg gekommen, um mit dem Landrat weitere Vorsorgemaßnahmen gegen die Flut zu besprechen. Ortsbürgermeisterin Hannelore Brendel fährt den Minister auf den Deich am Hafen. Das Wasser der Elbe ist leicht gesunken, und viele, die das sehen, atmen erleichtert auf. Doch der Schein trügt, warnt Hannelore Brendel, die Flutwelle kommt erst noch.

Ortsbürgermeisterin Hannelore Brendel besichtigt mit Bauminister Hartmut Meyer die Deichanlagen in Mühlberg

Später fährt die Ortsbürgermeisterin ins nahe gelegene Saxdorf, um mit ihrer Hausärztin zu sprechen, die im Pfarrhaus der evangelischen Kirche aufgenommen wurde. Man unterhält sich natürlich lebhaft über die Flutsituation. Pfarrer Peter Zahn, der sehr belesen in der Heimatgeschichte ist, bringt eine alte Karte von Mühlberg herbei, die 1907 von Prof. G. Reische in seiner Heimatstadt veröffentlicht wurde. Auf dieser geschichtsträchtigen Karte ist das ehemalige Flussbett der Elbe detailgenau dargestellt. Hannelore Brendel nimmt die Karte mit und übergibt sie dem Krisenstab. Die Fachleute vom LUA sind der Meinung, diese bisher unbekannte Karte könnte vielleicht helfen, die Schwachstellen der jetzigen Deichanlagen zu erkennen!

Entlang der Elbe sind schon viele der automatisch messenden Pegel ausgefallen. Die Meldungen, welche von überall eingehen, sind unzuverlässig, manchmal sogar widersprüchlich. Wolfgang Genehr und Siegmar Tilgner entschließen sich, in Mühlberg einen eigenen Hilfspegel zu setzen. Er wird in der Nähe der „Lügenbank“ aufgestellt, weil er dort leicht zugänglich ist. Die Installation gelingt so gut, dass später nur eine Abweichung von einem Zentimeter vom genormten Höhenmaß übrig bleibt.

Zur Krisensitzung am Mittag kommt vom Katastrophenstab in Herzberg die beunruhigende Meldung, dass nun auch die Schwarze Elster über ihre Ufer getreten ist. Aber noch halten dort die Dämme! Der Elsterpegel steht bei drei Metern, die Warnstufe A3 wird ausgerufen. In der Schule in Neuburxdorf haben inzwischen gut 600 Einwohner Mühlbergs und anderer Orte Quartier genommen. Sie müssen mit Mahlzeiten versorgt werden, auch auf ihre Sorgen und Nöte muss eingegangen werden. Alles wird von den vielen fleißigen Helfern hervorragend gemeistert!

Am Nachmittag sind Matthias Platzeck und Jörg Schönbohm wieder vor Ort. Beide sind sehr zufrieden mit der Arbeit des Krisenstabes in Mühlberg. Als der „Deichgraf" mit Siegmund Tilgner zusammentrifft, bemängelt er schmunzelnd, dass die Sandsack-Verbaue aussehen wie „Struppi", womit er meint, die Sandsäcke wurden liederlich abgelegt.

Um 19 Uhr – insgesamt die achte Krisensitzung: Siegmund Tilgner schätzt die Lage als äußerst kritisch ein. Eine Meldung aus dem tschechischen Usti nad Labem macht die Runde, die Pegel der Elbe könnten stündlich bis zu 10 Zentimeter steigen. Das würde bedeuten, dass schon Freitagabend mit dem Überspülen der Dämme gerechnet werden muss. Diese Nachrichten sind für alle im Krisenstab äußerst deprimierend – sollte etwa alles umsonst gewesen sein? So geht in Mühlberg ein Tag voller Hektik zu Ende. Was wird der Freitag bringen – die Entscheidung? Gut oder Böse?

Freitag, 16. August: Die Gefahr rückt näher

Als sich die Morgensonne hinter den Backsteinmauern des Zisterzienserklosters in der wolkenleeren Himmel schwingt, bietet Mühlberg einen ungewohnten Anblick. Vor den Häusern sind fast überall Sandsäcke gestapelt, die Rollos und Jalousien an den Fenstern sind heruntergelassen. Um 8 Uhr, die erste Krisensitzung. Landrat Klaus Richter fühlt sich müde und zerschlagen. Wie schon in den letzten drei Nächten hat er wenig geschlafen. Dennoch ist er aufmerksam, als die Mitglieder des Krisenstabes ihre Berichte vortragen. Über den Stand der Evakuierung wird gesprochen. Nur etwa 100 Einwohner haben sich widersetzt und sind in der Stadt geblieben. Der Elbpegel ist über Nacht wieder stark angestiegen – 7 Uhr stand er bei 8,99 Metern, mit steigender Tendenz. Die Straße nach Brottewitz muss mit Sandsäcken gesichert werden, denn die dortige Zuckerfabrik ist gefährdet. Die Luftbilder des Polizeihubschraubers auf dem Bildschirm zeigen das ganze Ausmaß der sich anbahnenden Katastrophe. Dort, wo gestern noch Land zu sehen war, zeigen sich heute Wasserflächen. Kein Zweifel, die Flut kommt näher!

Erschöpfte Feuerwehrleute ruhen sich vom Einsatz aus

Schon früh am Vormittag ist Matthias Platzeck gekommen. Nachdem er sich einen Überblick über die Lage verschafft hat, macht er allen Mut: Nicht aufgeben, weitermachen, noch ist nichts verloren! 10 Uhr steht der Pegel schon deutlich über 9 Meter, genau 9,13 Meter!

11 Uhr, erneut Krisensitzung. Matthias Platzeck nimmt daran teil. An den Deichen gibt es mehrere Sickerstellen, die Dämme werden weich und immer weicher. Es wird entschieden, an welchen Stellen gearbeitet wird. Telefongespräche und Funksprüche – der Einsatz der auf fast 1.000 Mann angewachsenen Hilfskräfte funktioniert vorzüglich. Matthias Platzeck, Klaus Richter und die Mitarbeiter des Landesumweltamtes studieren Kartenmaterial, um die Schwachstellen der Deich-

belastung zu finden. Die Situation am Hafen ist Besorgnis erregend. Das Wasser kann trotz der vorgenommenen Deicherhöhungen kaum noch gehalten werden. Auch an anderen Deichabschnitten gibt es kritische Stellen. In der Nähe von Borschütz ist durch einen Fuchsbau der Damm durchlöchert. Mit Zustopfen und Überdecken mit Folie und Sandsäcken konnte das Problem nicht gelöst werden. Doch das Wasser, das landseitig aus dem Deich tritt, ist klar. Sickerwasser also, noch hält der Damm!

14 Uhr wird ein Deichbruch im sächsischen Kreinitz gemeldet. Eine schlimme Nachricht, denn jetzt könnte die Flut aus südlicher Richtung über Fichtenberg bis nach Mühlberg kommen. Später kommt Entwarnung. Der Deich war absichtlich geöffnet worden, das Wasser fließt über eine Vertiefung wieder in die Elbe zurück.

Seit Tagen bedroht die Elbe die Orte zu beiden Seiten ihres Verlaufs

Alexander Wald, der seit Donnerstag am Bürgertelefon sitzt, sieht sich auf dem Monitor die direkt übertragenen Luftbilder des „fliegenden Auges" des Polizeihubschraubers an. Was er zu sehen bekommt, ist erschreckend. Viele Felder und Wiesen sind bereits überflutet; sie sind fast nicht wiederzuerkennen. Alexander Wald sieht sich die Bilder vom Hafengelände besonders genau an, denn dort steht sein Haus. Noch ragen das Dach und die oberen Mauern des Gebäudes aus dem Wasser heraus. Das alles ist nicht dazu geeignet, seine persönlichen Sorgen zu verringern.

In der Kreisstadt Herzberg befindet sich die durchgehend besetzte Zentrale des Katastrophenschutzes für den gesamten Landkreis Elbe-Elster. Reiner Sehring und Ronald Harzbacher wechseln sich dort in der Leitung ab. Zahlreiche ander Mitarbeiter der Kreisverwaltung sitzen im lang gestreckten Sitzungssaal der Kreisverwaltung und erfüllen unterschiedliche organisatorische Aufgaben. Von hier aus wird die direkte Verbindung mit dem Krisenstab in Mühlberg, der Landesregierung und dem Landesumweltamt gehalten. Alle Fäden laufen in dieser Zentrale zusammen. Am Mittag wird in Herzberg entschieden, dass die Region südlich von Falkenberg mit den Dörfern Schmerkendorf, Kölsa und Rehfeld Siedlung zum Gefährdungsgebiet erklärt wird, weil bei einem Deichbruch in Mühlberg die Wassermassen aus topographischen Gründen in diese tiefer liegenden Gebiete abfließen würden. In der Eisenbahnerstadt Falkenberg wird an diesem Freitag ein Krisenstab gebildet, welcher in den nächsten Tagen in Zusammenarbeit mit dem zentralen Krisenstab in Herzberg dessen logistische Vorsorgemaßnahmen unterstützt. Zum Glück sinken die Pegelstände der Schwarzen Elster wieder; diese Gefahr scheint gebannt.

Am Nachmittag treffen aus dem tschechischen Usti Horrormeldungen über eine neue Flutwelle beim Krisenstab in Mühlberg ein. Diese hochgerechnet, wären die Deiche in Mühlberg nicht mehr zu halten. Die Flut würde sich über ein Gebiet von etwa 100 Quadratkilometern bis zum Eisenbahnknotenpunkt Falkenberg/Elster ergießen.

16 Uhr, die dritte Krisensitzung dieses Tages. Matthias Platzeck ist immer noch da. Die Lage spitzt sich zu. Müssen nun weitere Dörfer evakuiert werden? Möglicherweise sogar ein Teil der 6.000 Einwohner von Falkenberg? Doch zunächst, so wird entschieden, wird es nur eine Vorwarnung geben. 19 Uhr steht das Wasser am Hilfspegel in Mühlberg bei 9,28 Meter. Später, in der Nacht, werden dem Krisenstab vier weitere kritische Stellen an den Deichen gemeldet. Es ist zum Verzweifeln, den Kampf an so vielen Fronten scheint die Flut zu gewinnen!

Nach dem Ausfall der regulären Pegel werden zur Messung des Wasserstandes Hilfspegel, wie hier in Mühlberg, eingesetzt

Sonnabend, 17. August: Der Tag der Entscheidung
In der Nacht hatte der Krisenstab die Evakuierung von weiteren Dörfern Dörfern beschlossen. Auch das Flüchtlingslager in Neuburxdorf muss nun verlegt werden. 3 Uhr erhält der Herzberger Bürgermeister Michael Oecknigk die Anweisung, die Elsterlandhalle - das ist eine Sporthalle - als Notquartier herzurichten. Kräfte des DRK, der Feuerwehr und viele freiwillige Helfer schaffen Betten, Decken, Matten und viele andere Dinge heran. Als am Morgen, die ersten Fahrzeuge mit Evakuierten aus Neuburxdorf eintreffen, ist es in der Sporthalle fast gemütlich. Die Flüchtlinge sollen sich möglichst wohlfühlen, denn sie haben genug durchgemacht.

Es ist 8 Uhr, der Kristenstab tagt. Der Pegelstand wurde eine Stunde vorher mit 9,86 Metern vermessen. Die Dämme in Mühlberg entsprechen in ihrer Höhe einem Pegelstand von etwa 10 Metern, mit ihrer Überflutung muss stündlich gerechnet werden. Allerhöchste Gefahr also. Die Einsatzkräfte arbeiten fieberhaft an den Deichen. 500 Feuerwehrleute und 450 Bundeswehrsoldaten sind im Einsatz, dazu 2 Armeehubschrauber mit Netzcontainern. Alle Kräfte, die in Mühlberg konzentriert sind, werden jetzt auf die Deiche geschickt. In den nächsten Stunden wird sich das Schicksal Mühlbergs entscheiden!

Um 10 Uhr – dramatische Zuspitzung der Situation. Oberstleutnant Popilas, der die Verantwortung für seine Soldaten trägt, nimmt seine Männer vom Deich. Die Dämme sind völlig aufgeweicht; sie beginnen zu schwingen. Das sind deutliche Vorzeichen eines bevorstehenden Dammbruches. Landrat Klaus Richter billigt die Entscheidung des kommandierenden Offiziers der Bundeswehr. Menschenleben sind wichtiger als Hab und Gut – so lautete seine Grundsatzentscheidung. Der Polizeihubschrauber mit seiner Kamera überfliegt 11.45 Uhr die gesamten Deichbereiche. Die Männer im Krisenstab können auf dem Monitor deutlich die Schwingungen in einem der Deichabschnitte erkennen. Siegmar Tilgner, der Fachmann des Landesumweltamtes, der sich zu diesem Zeitpunkt in einem anderen Deichabschnitt aufhält, ist mit der Entscheidung, den Deich aufzugeben, nicht einverstanden. Er informiert Matthias Platzeck.

Inzwischen melden Radio und Fernsehen: Mühlberg wurde aufgegeben!

Kurz nach 13 Uhr landet „Deichgraf" Matthias Platzeck mit dem Hubschrauber in Mühlberg. Er nimmt den Lagebericht entgegen, sieht sich die Bilder der elektronischen Kamera an. Die Deiche auf der Mühlberger Seite sind nicht gebrochen! Matthias Platzeck und Klaus Richter beraten sich mit allen wichtigen Mitgliedern des Krisenstabes. Schließlich treffen sie gemeinsam die Entscheidung: Wir geben den Deich nicht auf. Wir machen weiter! Es ist 14 Uhr, als die Feuerwehrleute und Soldaten wieder auf die Dämme geschickt werden. Abermals formieren sie sich in zweireihige Ketten, reichen sich kreuzweise die Sandsäcke zu; die letzten in der Kette packen die Sandsäcke auf die Deichkrone. Es ist ein emsiges Treiben, vielleicht mit den bekannten Vorstellungen vom Turmbau zu Babel vergleichbar. Auch die beiden Hubschrauber mit den Netzcontainern donnern hin und her und entladen ihre Fracht. Am Hafen ist es inzwischen kritisch geworden. An verschiedenen Stellen sprudelt das Wasser aus dem Boden. Eine unterirdische Strömung drückt das Wasser nach oben. Die Einsatzkräfte schichten in verzweifelter Hast Sandsäcke ringförmig um die Austrittsstellen. Das Schlimmste kann so verhindert werden.

Die Elsterlandhalle diente als Notunterkunft

18 Uhr ist der Pegel auf unglaubliche 9,96 Meter geklettert. Es kommt die Dämmerung, es kommt die Nacht. An den Brennpunkten der bedrohten Deiche wird weiter gearbeitet. Keiner der Frauen und Männer im Krisenstab kommen zum Schlafen. Gegen 23 Uhr steht der Pegel auf 9,98 Meter – das ist der Höchststand der Elbeflut in Mühlberg.

Gleichzeitig erreicht den Krisenstab eine neue Hiobsbotschaft: Das Wasser könnte um weitere

60 Zentimeter steigen! Doch der Pegel bleibt in den nächsten Stunden konstant und beginnt später sogar ganz allmählich zu fallen. Nur noch zwei Zentimeter mehr, und die Katastrophe wäre nicht zu stoppen gewesen!

Sonntag, 18. August: Deichriss ist Stehla

Mit dem Sonnenaufgang am Morgen steht es fest: Mühlberg ist nicht gefallen! 7 Uhr steht der Pegel bei 9,94 Meter - er ist also leicht gesunken.

Als sich 8 Uhr der Krisenstab zusammenfindet, wächst neue Hoffnung. Sollte doch noch alles zu einem guten Ende gebracht werden? Aber der Landrat warnt. Die Überflutung der Deiche scheint gebannt, doch sie sind in einem denkbar schlechten Zustand - aufgeweicht und völlig durchnässt. Sie können jederzeit brechen.

Schon 10.30 Uhr ist Matthias Platzeck wieder in Mühlberg. Als er mit seinem Hubschrauber über das sächsische Dautzschen flog, konnte er sehen, wie ein Damm brach. Eine weitere Botschaft bringt der Ministerpräsident mit: Bundesinnenminister Otto Schily befindet sich im Anflug!

Es ist 11.15 Uhr als Schily landet Nach einer eingehenden Lagebesprechung werden sofort Entscheidungen gefällt. Taucher und Kräfte des THW werden nach Mühlberg beordert. Denn überall gibt es Schwachstellen an den Deichen. In den Bereichen „Fuchsbau“ bei Borschütz und „Kirschallee“ bei Martinskirchen müssen Ausbaumaßnahmen vorgenommen werden.

Dem Krisenstab wird 16 Uhr gemeldet, dass unmittelbar vor Stehla ein etwa 150 Meter langer waagerechter Deichriss entstanden ist. Jetzt muss schnell gehandelt werden, um ein Zerbrechen des Deiches zu verhindern. Obwohl Stehla zu Sachsen gehört, gibt es kein Zögern. Die Experten des LUA sehen sich den Schaden vor Ort an und entscheiden: Taucher müssen den Deich flussseitig mit Folienbahnen und Sandsäcken stabilisieren, an der Landseite wird mit Kiesaufschüttungen ein Gegengewicht aufgebaut.

Um das zu bewerkstelligen, muss so schnell wie möglich eine Zuwegung geschaffen werden. Nur wenig später rollen die schweren LKW des Mühlberger Kieswerkes heran. 35.000 Tonnen Kies werden aufgeschüttet. Die Taucher stürzen sich todesmutig in die schmutzigbraunen Fluten der Elbe und befestigen Folienbahnen und Sandsäcke am Deich.

Die Deichrisse bei Stehla erhöhten die Überschwemmungsgefahr für Mühlberg zusätzlich

Doch zunächst scheint alles vergeblich zu sein. Der zuerst entdeckte Riss verlängert sich zusehends, am Deichfuß entsteht ein zweiter Riss. Die Einsatzkräfte am Deich arbeiten mit der letzten verbliebenen Kraft. Sie sind alle total erschöpft, mit ihren Kräften am Ende.

Um 21 Uhr werden die Hubschraubereinsätze in Stehla eingestellt. Die Gefahr, dass der marode Deich durch Lufterschütterungen brechen könnte, ist zu groß. Und außerdem kommt die Dunkelheit! Wieder folgt eine Nacht des Bangens.

Montag, 19. August: Die Hoffnung wird greifbar
Der Pegel steht 7 Uhr bei 9,31 Meter. Er ist gegenüber der gleichen Zeit des Sonntags um satte 63 Zentimeter gefallen. Wie an allen Tagen zuvor, tritt auch am Montag der Krisenstab 8 Uhr zusammen. Die erste Feststellung, dass der Deich in Stehla gehalten hat, wird jubelnd aufgenommen. Die Erleichterung darüber ist allen anzumerken, doch Landrat Klaus Richter warnt: „Die Deiche können immer noch brechen, sie sind weich wie Wackelpudding."

Gegen 12 Uhr ist der Pegel um weitere 6 Zentimeter gesunken – 9,25 Meter. Jetzt ist Zeit, langsam mit dem Rückbau der aufgetürmten Sandsäcke zu beginnen, denn diese belasten die aufgeweichten Deiche.

Am Nachmittag – wie könnte es anders sein – fliegt der „Deichgraf" wieder ein. Matthias Platzeck pendelt in diesen so dramatischen Tagen ständig zwischen Wittenberge und Mühlberg hin und her. Auch er ist sichtlich erleichtert, dass die größte Gefahr in Mühlberg vorbei ist. Er warnt wie Klaus Richter, jetzt nicht in Siegestaumel zu verfallen; noch sind die Fluten nicht gebändigt!

An Absprache mit Matthias Platzeck werden noch am Abend 200 Soldaten der Bundeswehr in sächsische Krisengebiete verlegt. Intern wird im Krisenstab festgelegt, bei einem Pegelstand unter 8,50 Meter die Evakuierungen von Mühlberg und der umliegenden Gemeinden zu beenden.

Dienstag, 20. August: Der Tag des Sieges
Als der Krisenstab sich wie immer 8 Uhr zusammen findet, wird nur wenigen der Versammelten bewusst, dass es die vorletzte Sitzung sein wird.

Es ist genau 8.10 Uhr, als Landrat Klaus Richter mit bewegter Stimme verkündet: „Die Evakuierung für Mühlberg und die umliegenden Ortsteile ist aufgehoben!" Jubel bricht aus, und alle sind tief bewegt. Das „Wunder von Mühlberg" ist Wirklichkeit geworden!

Dabei war dem Landrat diese Entscheidung nicht leicht gefallen. Aber er konnte nicht mehr anders handeln; nachdem Brandenburgs Innenminister Jörg Schönbohm am Vorabend, als er mit Bischof Huber in der Herzberger Elsterlandhalle die Flüchtlinge besuchte, das Ende der Evakuierung angekündigt hatte.

Die Mühlberger und die Einwohner der anderen Ortsteile können ihr Glück kaum fassen. Nicht wenige haben Tränen der Freude in den Augen. Nach fünf langen Tagen des Bangens und der Angst, ist es wie eine Erlösung für alle. Niemand kann nachvollziehen, was jeder Einzelne in diesen Tagen empfunden haben mag.

Ortschronist Herbert Nittel und seine Frau können an diesem Dienstag gegen 9.45 Uhr nach Mühlberg zurück. Als sie ihr Haus in der Schloßstraße wieder betreten, ist es für beide gleichsam ein Anfang in ein neues Leben. Erst vor vier Jahren, als sie als Lehrer in Pension gingen, hatten sie ihr Häuschen in mühevoller Arbeit neu aufgebaut. Ein richtiges Schmuckstück ist es geworden, das lindgrün getünchte kleine Haus, welches eingezwängt zwischen den Nachbarhäusern steht.

Ein unbeschreibliches Gefühl hemmungsloser Freude empfinden Christiane und Herbert Nittel, als sie wieder in ihr Haus eintreten und alles unversehrt vorfinden. Nur im Keller steht Wasser - Grundwasser, nicht weiter schlimm!

Mittwoch, 21. August: Mühlberg feiert

Auf dem Marktplatz von Mühlberg bewegt sich pulsierendes Leben. Aus allen Straßen und Gassen strömen die Menschen herbei. Vor dem Rathaus stehen in langen Reihen Tische und Bänke, kaum ein Platz ist noch frei.

Die Elbe-Elster Rundschau hat die Einwohner Mühlbergs eingeladen, denn Matthias Platzeck, der „Deichgraf", wird noch einmal kommen, um sich bei all denen zu bedanken, die mitgeholfen haben, das „Wunder von Mühlberg" zu vollbringen. Frank Claus, der Leiter der Zeitungs-Lokalredaktion, hat die Moderation der Veranstaltung übernommen. Es ist kurz vor 15 Uhr, als Matthias Platzeck mit seinen Begleitern eintrifft. Herzlicher Applaus brandet auf, und die Welle der Sympathie, die dem „Deichgrafen" entgegen schlägt, ist förmlich spürbar.

Matthias Platzeck nimmt das Mikrofon und findet warme Worte des Dankes an alle, die an der Deichfront gekämpft haben. Sein Dank gilt auch den mutigen Menschen in Mühlberg und den umliegenden Gemeinden, die schlimme Tage durchleben mussten. Und dann stoßen der Ministerpräsident und seine Begleiter mit einem Glas Bier auf das Wohl der Stadt Mühlberg und seiner Bürger an.

Herbert Nittel, der Stadtchronist, tritt ans Mikrofon. Er hat spontan ein Gedicht des Dankes verfasst. Mit leicht bebender Stimme trägt er es vor:

Es ist an der Zeit „Danke" zu sagen,
danke an wen, werden Sie fragen.
Danke an alle, die uns beschützten,
Danke an alle, die uns unterstützten.
Auch unsere Politiker ließen uns nicht allein,
kamen jeden Tag in unser Städtchen rein,
sie schauten sich in Mühlberg um,
überlegten und blieben nicht stumm.
Unser Ministerpräsident hatte eine besondere Hand,
mit seinem Ideenreichtum wurde das Wasser gebannt.
Dank für Eure Entscheidungen, Weitsicht und Mut,
die uns gerettet haben vor der Jahrhundertflut! ...

Sonntag, 25. August: Die Glocken der Frauenkirche läuten

Zahlreiche Einwohner Mühlbergs sind gekommen, um am ökumenischen Dankgottesdienst in der Frauenkirche teilzunehmen. Auch viele Helfer, die sich in den Tagen zuvor, an der Rettung Mühlbergs beteiligt hatten, nahmen an dem Gottesdienst teil, unter ihnen Landrat Klaus Richter.

Hinter einem aufgestapelten Wall von Sandsäcken hält Pfarrerin Kerstin Höpner-Miech eine bewegende Predigt. Alle Anwesenden in der Kirche sind tief ergriffen, als sie ihre Predigt mit Blick auf die kaum für möglich gehaltene Rettung Mühlbergs mit den Worten schließt:

„Das war kein Schicksal, das war ein Wunder ..."

Die Bewältigung der Hochwasserkatastrophe aus der Sicht des brandenburgischen Ministerpräsidenten Matthias Platzeck

Frage: Herr Platzeck, als Sie am 26. Juni vom Landtag in Potsdam zum Ministerpräsidenten Brandenburgs gewählt wurden, hätten Sie es da für möglich gehalten, dass Sie nur 50 Tage später, also noch während der politischen „Schonfrist", auf der Krone des Elbdeiches in Mühlberg stehen würden, um erneut als „Deichgraf" einer Hochwasserflut zu begegnen?

MP: Naturkatastrophen halten sich nicht an „politische Schonfristen". Aber die Erfahrungen der Oderflut 1997 haben uns jetzt schon sehr geholfen. Auch deshalb ist Brandenburg diesmal mit einem blauen Auge davongekommen.

Frage: Zu welchem Zeitpunkt wussten Sie, dass es an den in Brandenburg liegenden Teilen der Elbe und Ihren Nebenflüssen zu einer Hochwasserflut kommen würde?

MP: Im Gegensatz zu Sachsen hatten wir in Brandenburg einen zeitlichen Vorlauf, der es uns ermöglicht hat, wichtige Vorbereitungen zu treffen. Problematisch war allerdings, dass die Höhe der zu erwartenden Wasserstände nicht exakt zu berechnen war. Daraus ergaben sich erhebliche Unsicherheiten, vor allem in Mühlberg.

Frage: Hatten Sie diesbezüglich Warnungen oder Hinweise von anderen Stellen erhalten, z.B. dem Deutschen Wetterdienst?

MP: Unwetterwarnungen der privaten Wetterdienste und vom Deutschen Wetterdienst liefen bereits am 09. August über die Ticker. Das Landesumweltamt hat am gleichen Tag, aufgrund der erkennbaren Wetterentwicklung, eine erste Hochwasserwarnung für den Bereich der oberen Elbe abgesetzt. Dass es aber so schlimm kommen würde, war aus diesen Meldungen noch nicht ablesbar.

Frage: Wie war die Zusammenarbeit mit dem Krisenstab des Landkreises Elbe-Elster, als es galt, die Katastrophe in Mühlberg zu verhindern?

MP: Die Zusammenarbeit funktionierte reibungslos. Im Krisenstab saßen engagierte und besonnene Menschen, die professionell die richtigen Entscheidungen zur rechten Zeit getroffen haben. Das Krisenmanagement vor Ort war hervorragend.

Frage: Bundeswehr, THW, Feuerwehren und viele freiwillige Bürger der Region haben die Deiche und Dämme im Raum Mühlberg verteidigt. Schildern Sie bitte aus Ihrer Sicht die Einsatzbereitschaft dieser Menschen.

MP: Man kann das nur schlecht beschreiben. Der Einsatzwille war beeindruckend. Alle haben angepackt und rund um die Uhr Sandsäcke gefüllt, den Deich aufgekadet, die Bevölkerung evakuiert, sie ver- und umsorgt und vieles andere mehr. In den kritischen Stunden am 17. August, als die Deichsicherung zeitweise eingestellt werden musste, haben einige Freiwillige, voran die Deichingenieure des Landesumweltamtes ihr Leben riskiert, um die undichten Stellen am Deich auszubessern. Das war eine großartige Leistung.

Frage: Schon während der Vorbereitungen gegen die anrollende Flut im Raum Mühlberg galt es, auch in der Prignitz den Widerstand zu organisieren. Wie haben Sie diesen „Kampf an zwei Fronten" praktisch bewältigen können?

MP: Durch gute Arbeitsteilung mit dem Innen- und dem Umweltminister. Mit modernen Kommunikationsmitteln konnten wir den Kontakt in die betroffenen Regionen ständig halten und waren so immer über die neuesten Entwicklungen informiert.

Frage: Am 20. August gab das Kabinett in Potsdam „grünes Licht", dass ab 18.00 Uhr die Wehre Quitzöbel/Neuwerben an der Elbmündung der Havel geöffnet werden. Später erfolgten die Sprengungen an den Haveldeichen, um Teile des Elbe-Hochwassers in die Havelpolder fließen zu lassen. Das waren schwerwiegende Entscheidungen, die sich später jedoch als absolut richtig erwiesen. Was waren ihre Grundüberlegungen bei dieser Entscheidung, wie sahen es Ihre Berater und Menschen in der Region, hatten Sie selbst Herzklopfen dabei?

MP: Herzklopfen nicht, in der Situation war eher ein kühler Kopf nötig, um die möglichen Folgen abzuwägen. Die Entscheidung basierte auf klugen Berechnungen des Landesumweltamtes und hat den Hochwasserscheitel um einen knappen halben Meter verringert. Das war sogar mehr als erwartet und hat auch den Elbe abwärts gelegenen Ländern sicher geholfen. Die geöffneten Polder im Havelland sind angelegt, um im Katastrophenfall geflutet zu werden. Wir haben die Betroffenen rechtzeitig informiert und sind auf Verständnis gestoßen. Dafür danke ich vor allem auch den Landwirten, das war praktizierte Solidarität unter Nachbarn.

Frage: Die Hochwassersituation im Raum Mühlberg, in der Prignitz und im Havelland war ganz bestimmt unterschiedlich. Wo war die Gefahr von Deichbrüchen oder Überflutungen größer?

MP: Die unmittelbare Gefahr war sicher in Mühlberg größer. Das Wasser stieg ja bis auf 9,98 m – bei 10 m Deichhöhe. Die Sorge in der Prignitz war, ob der im Vergleich zu Mühlberg viel längere Deichabschnitt dem langanhaltenden Wasserdruck standhalten, oder ob es z. B. am „Bösen Ort" zu Rutschungen kommen würde. Glücklicherweise hat der Einsatz von zeitweise über 8.000 Helfern dieses verhindert.

Frage: Wie bewerten Sie im Nachhinein das Krisenmanagement in Ihrem Land? Befürchten Sie Klagen von Bürgern gegen Entscheidungen und Handlungen von Kommunalverwaltungen und Krisenstäben wie es sie z. Zt. in Sachsen und Sachsen-Anhalt gibt?

MP: Das Krisenmanagement war gut. Der zentrale Krisenstab im Innenministerium hat die notwendigen Maßnahmen eingeleitet und koordiniert. Vorsorgliche und aktuelle Informationen wurden zügig weitergeleitet. Ich erwarte daher keine Klagen gegen unsere Entscheidungen, zumal ich davon ausgehe, dass die vergleichsweise glimpflichen Schäden schnell und umfassend geregelt werden.

Frage: Wie empfanden Sie die schon fast vergessen geglaubte Solidarität der Menschen aus anderen Bundesländern und darüber hinaus? Sind da nicht Einzelfälle von Plünderungen, betrügerischen Spendensammlern, falsch verstandene Selbsthilfeaktionen, die andere Gemeinden gefährden, unverständlich? Gab es auch in Brandenburg solche Vorfälle?

MP: Die Hilfsbereitschaft war überwältigend. Frauen und Männer, Jung und Alt aus allen Bundesländern haben an den Deichen und im Hinterland gearbeitet - und sich verstanden. Auf vorliegende Hilfsangebote unserer polnischen Nachbarn brauchten wir diesmal nicht zurückzugreifen.

Zu Plünderungen hat der Innenminister gesagt: „Ein Kasten Bier fehlt, und ein Karnickel wird gesucht." Das sind unsere Erkenntnisse bis heute.

Betrügerische Spendensammelaktionen sind mir für Brandenburg nicht bekannt geworden. Es ist schon schändlich, wenn jemand sich an der Not Dritter bereichern will. Dank aber auch an die Millionen von Spendern, die in der Not großzügig waren und zu einem ungeahnten Spendenaufkommen beigetragen haben.

Brandenburgs Ministerpräsident Platzeck und Bundesinnenminister Schily während des Hochwassers in Mühlberg

Frage: Wer waren Ihre wichtigsten Ratgeber und Helfer während des Hochwassers?

MP: In solchen Situationen ist man für jede Hilfe dankbar. Herauszuheben sind aber sicher Innenminister Schönbohm, Umweltminister Birthler, die Krisenstäbe im Innenministerium und vor Ort, die Landräte, die Profis vom Landesumweltamt und der Bundeswehr. Unverzichtbar waren auch die Einsatzbereitschaft der Freiwilligen Feuerwehren, des THW und der anderen Hilfsorganisationen. Alle haben schnell und mit Augenmaß ihre Verantwortung wahrgenommen.

Frage: Gab es eine landesübergreifende Zusammenarbeit zwischen den Kommunen und den Landesregierungen der anderen betroffenen Bundesländer?

MP: Besonders eng war der Kontakt nach Sachsen-Anhalt, vor allem hinsichtlich der Öffnung des Wehres bei Quitzöbel und der Flutung der Polderflächen. Die Verbindungsbeamten in den Krisenstäben haben aber auch einen regen Informationsaustausch zu den anderen betroffenen Ländern sichergestellt.

Frage: Wie haben Sie die Visiten der verschiedenen Bundespolitiker in den Hochwassergebieten empfunden?

MP: Die waren überaus hilfreich, weil sie zu konkreter Unterstützung vor Ort geführt haben. Bundesinnenminister Otto Schily hat beispielsweise umgehend dafür gesorgt, dass 2 Hubschrauber in Mühlberg verfügbar waren, als Hilfe zur Deichsicherung zeitweise nur noch aus der Luft erfolgen konnte. Auch der Besuch von Verteidigungsminister Peter Struck in der Prignitz hat uns sehr geholfen. Die Eindrücke vor Ort beschleunigen doch manche Entscheidung.

Frage: In Brandenburg haben die Hochwasserschäden nicht die Dimensionen wie in anderen Bundesländern angenommen. Könnten Sie uns eine erste Schätzung der entstandenen Schäden geben? Welche Maßnahmen zu ihrer Beseitigung wurden bisher eingeleitet? Wie werten Sie die Maßnahmen des Bundes und der EU im Hinblick auf Soforthilfe, die Unterstützung geschädigter Betriebe einschließlich der Landwirtschaft und die Wiederherstellung der mehr oder minder stark zerstörten Infrastruktur?

MP: Das Innenministerium hat über erste Schadensschätzungen berichtet. Diese Aufstellung wird in absehbarer Zeit konkretisiert und differenziert.

Die finanziellen Hilfsprogramme des Bundes, der EU und der Länder sind in den vergangenen Wochen bereits angelaufen. Alle haben in großer Geschlossenheit die schnellste und umfangreichste Katastrophenhilfe unserer Geschichte auf den Weg gebracht. Rund 10 Milliarden Euro stehen bereit. Dieses Geld ist klug, ausgewogen und solide finanziert. Es wird im vollen Umfang dem Wiederaufbau und damit dem Wirtschaftskreislauf zugute kommen. Jeder Bürger in Nord und Süd, Ost und West trägt daran den Anteil, den er leisten kann, und ein jeder Betroffene erhält davon nach Maßgabe der Schäden, die er erlitten hat.

Die Verantwortlichen des Bundes, der Länder und der Kommunen haben in diesen Tagen bewiesen, dass die Politik in Deutschland funktioniert, dass beherzt entschieden wird und dass in der Not niemand allein bleibt.

In Brandenburg hat der Landwirtschaftminister bereits Soforthilfe geleistet, die Finanzministerin hat einen Katalog zusammengestellt, welche Möglichkeiten Betroffene in Brandenburg haben. Kleine Gruppen des Bauministeriums nehmen die Schäden an Privatgebäuden und an der Infrastruktur auf. Ich bin sicher, dass die allermeisten Schäden in den nächsten 2–3 Jahren behoben sein werden.

Frage: Klimatologen und Wissenschaftler, die sich mit dem Umweltschutz befassen, befürchten, dass sich Unwetterkatastrophen in der Zukunft häufen werden. Was muss seitens der Politik getan werden, um darauf vorbereitet zu sein?

MP: Wir müssen ökologische und raumplanerische Lehren aus der Katastrophe ziehen. Flüsse sind nicht nur Wasserstraßen, sondern Teil der Natur, sagte der Bundeskanzler zutreffend. Auch in Brandenburg müssen wir verstärkt über landschaftsbauliche Maßnahmen nachdenken, die dem Wasser mehr Raum lassen. Mit dem Sophienthalerpolder an der Oder und der Rückverlegung des Deiches am „Bösen Ort“ bei Lenzen werden weitere zusätzliche Retentionsflächen geschaffen.

Bei den weltweit auftretenden Unwettern hat der Mensch seine Hand im Spiel. Wir werden mit den Umweltsünden der vergangenen Hundert Jahre konfrontiert. Umweltvorsorge braucht deshalb mehr aktiven Klimaschutz. Die Senkung des Ausstoßes von Treibhausgasen ist eine Generationenaufgabe, bei der wir heute einschneidende Beschlüsse fassen müssen, um unseren Kindern eine bewohnbare Welt zu hinterlassen.

Sandsäcke, Sonne und Selters: das verhinderte Flutdrama in der Prignitz

Jens Blankennagel

Die Feuerwehrzentrale von Perleberg sieht aus wie ein Getränkehandel. Tausende Flaschen Mineralwasser türmen sich gleich hinter dem Eingang des provisorischen Krisenstabes bis zur Decke und versperren den Weg. „Davon haben wir reichlich", sagt der Katastrophenschutzchef des Kreises Prignitz, Erich Schlotthauer. Noch weiß er nicht, wie lange der Kampf gegen das Elbhochwasser in Brandenburgs nordwestlichstem Landkreis dauern wird. Aber er und der 40-köpfige Krisenstab wollen auf alles vorbereitet sein.

Und zu einer guten Vorbereitung gehören tonnenweise Seltersvorräte. Denn die große Flut - deren Scheitel die Prignitz ab dem 22. August, also fünf Tage nach dem „Untergang" von Dresden, passieren wird - findet bei bestem Wetter statt. Die Sonne brennt seit Tagen vom Himmel. „Es fehlt nur noch ein Tretboot und jeder könnte glauben, hier ist alles in Ordnung", sagt Bundeswehrhauptmann Horst Schauerte hinter einem Deich bei Wustrow.

Er weiß, dass nichts in Ordnung ist. Zwei Meter misst die Elbe hier im Normalfall. Jetzt steht sie mehr als sieben Meter hoch - das bedeutet, dass der Fluss mit einem Gewicht von sieben Tonnen auf jeden Quadratmeter Deich drückt. Trotz der Gefahr dösen Hauptmann Schauerte und etwa 200 Soldaten tatenlos in der Mittagshitze. Überall liegen Seltersflaschen herum. Die Soldaten dürfen nur noch im Notfall auf die durchgeweichten Deiche, jedes Kilo Gewicht zu viel könnte den Damm brechen lassen. „Wir schwitzen jetzt beim Warten auf den Ernstfall fast mehr als vorher bei der Arbeit", sagt einer der Soldaten und sieht stolz auf das Ergebnis ihrer Plackerei. Tagelang haben sie den meistgefährdeten Deich in Nordbrandenburg gesichert, haben allein an diesem 1,5 Kilometer langen Abschnitt etwa eine Million Sandsäcke aufgeschichtet, haben dem Damm so Halt gegeben, damit ihn die Elbe nicht wegspült.

Bundeswehrsoldaten und THW-Angehörige gemeinsam bei der Deichsicherung

Die Elbe vollführt hier eine 90-Grad-Kurve. Nicht umsonst ist diese Stelle von den Elbschiffern „Böser Ort" getauft worden. Jan Börner, der BGS-Mann aus dem nahen Wittenberge, erklärt den Soldaten den Ursprung des mahnenden Namens: „Die starke Strömung, die hier genau auf das Ufer zuhält, ließ früher oft Schiffe kentern." Diesmal sind aber nicht ein paar Seefahrer, sondern Tausende Landbewohner in Lebensgefahr. „Wir haben alles getan", sagt Hauptmann Schauerte. „Jetzt können wir nur noch warten, ob die Deiche halten." Und die sind so weich, dass die Elbe noch immer aus der Kurve getragen werden kann und alles überflutet. An unzähligen Stellen sickert bereits Wasser durch.

Auch Hubschrauber halfen bei der Deichsicherung mit

Deichbrüche erwarten die Experten überall an den 75 Kilometern Elbufer der Prignitz - einer der schönsten und dünnbesiedelsten Gegenden Brandenburgs. Auf gut 21.000 Quadratkilometern leben nur etwa 96.000 Menschen. Fast die Hälfte von ihnen wohnt im potenziellen Überflutungsgebiet. Nachdem die Elbe am 20. August am entscheidenden Pegel in Wittenberge bis auf 6,70 Meter steigt und Landrat Hans Lange den Katastrophenfall ausruft, werden 20.000 Menschen in 37 Dörfern aufgefordert, ihre Häuser zu verlassen. In einer gut organisierten Aktion fahren acht bunte Reisebusse durch das Evakuierungsgebiet, um die Leute herauszuholen.

„Doch niemand stieg ein", erzählt Busfahrer Veit Eschrich. Erst im dritten Dorf, der letzten Station des Fahrers, kommt ein 30-jähriger Mann mit Rucksack zur Sammelstelle. „Ich will weg, ehe das Wasser kommt", sagt er und erkundigt sich beim mitreisenden Seelsorger, ob er im Notcamp einen Schlafsack braucht. Die Rettungsaktion wird ein positiver Flop. „Insgesamt haben sich nur 14 Leute an den Bussen gemeldet - und ein Hund", sagt Ulrike Glanz vom Krisenstab. Später wird bekannt, dass sich 500 Leute weigern zu gehen. Aber die Mehrheit hat sich bereits selbst in Sicherheit gebracht, nachdem sie ihre Häuser verbarrikadiert haben. Sie hatten Zeit genug.

Überall wurden Notuntekünfte vorbereitet

Angst beherrscht auch die 20.000-Einwohner-Stadt Wittenberge, die noch nicht evakuiert ist. Viele sind gegangen oder warten mit ihren Möbeln in den oberen Etagen ihrer Häuser auf die Entwarnung. Doch noch steigen die Pegel und treiben manch einen zum Galgenhumor. Jemand hat sein Haus vor der Flucht mit riesigen Folien beklebt und daraufgesprüht: „Wasser marsch!" Doch die Elbe bleibt vor der Stadt. Noch.

Andreas Scholz vom Bundesgrenzschutz ist auf Patrouillenfahrt im Wittenberger Hafen. Ein ruhiger Job. Noch vor Tagen hat er in Pirna einige

Menschen aus überspülten Häusern gerettet, hat Trauer und Wut gesehen, hat eine zerstörerische Kraft erlebt, die ihn noch immer sprachlos macht. Hier im Norden hingegen fließt das Wasser fast gemächlich durch die breiten Elbauen. „Doch die Ruhe täuscht", sagt er. „Der Fluss ist hier sonst höchstens 200 Meter breit." Nun reicht das Wasser links und rechts bis an die Deichkronen. Und die stehen etwa einen Kilometer voneinander entfernt. Die Elbe hat hier Platz. Die Elbe ist hier ein See. „Das könnte die Prignitz retten", sagt BGS-Mann Scholz.

Doch Rettung kann vor allem etwas anderes bringen: Menschenkraft und Material. Im Angesicht der unbegreiflichen Wucht der Sturzbäche in Sachsen blieb nur resignierendes Kopfschütteln. Blieb eigentlich nur die Flucht. Doch weiter flussabwärts gibt es immerhin eine Hoffnung: den Sandsack. Der ist vor allem dafür bekannt, dass sich Boxer an ihm austoben. Doch in früheren Jahrhunderten waren Sandsäcke ein Teil des Krieges, denn die aus ihnen aufgeschichteten Barrieren krönten die Schützengräben im blutigen Stellungskampf. Seit etwa 100 Jahren ist der Sandsack aber auch das letzte Mittel im Kampf gegen das Hochwasser.

Vor Ort – an den Sandsackfüllstellen, die alle drei Kilometer entlang der Deiche eingerichtet sind – sieht das alles weniger pathetisch aus: Für die Helfer ist es vor allem schweißtreibende Knochenarbeit. Am leichtesten haben es noch die Fahrer. Sie stehen Schlange und warten, dass ihre Ladeflächen mit Hunderten der jeweils 15 Kilo schweren Sandsäcke voll gepackt werden. So wie der Mann, der schwitzend in dem leichten Lieferwagen seiner Gartenbau-Firma sitzt. „Es ist mir egal, dass Wochenende ist", sagt er. „Die Armeelaster sind für die Deiche zu schwer. Also habe ich mich freiwillig mit meinem Anhänger gemeldet." So wie viele andere auch.

In einer Wolke aus Diesel und aufgewirbelten Sand steht Dagmar Klementz und hält einen Sandsack auf. Ihr Mann Karsten schaufelt drei Schippen Sand hinein. Immer wieder, im Dreißig-Sekunden-Takt, fünf Stunden lang. Dagmar Klementz wischt sich die durchgeschwitzte Staubschicht von der Stirn. „Wir sind völlig geschafft." Am Morgen sind sie extra aus dem 300 Kilometer entfernten Bergholz-Rehbrücke bei Potsdam angereist. „Wir wollten helfen. Ganz einfach", sagt die 41-Jährige. Ihre Begründung ist simpel. „Jeder ist von der Flut betroffen. Es ist doch auch meine Semperoper, die in Dresden untergegangen ist."

Ganze Schulklassen kommen von überall aus Brandenburg, um zu helfen. Ein Mann im feinen Anzug fährt mit einem Berliner Taxi vor, nimmt sich ein Zimmer und schippt einen Tag lang mit. Kinder, Hausfrauen und Strafgefangene nähen Sandsäcke. Bundeswehr, Feuerwehren und Technisches Hilfswerk schicken etwa 6.000 Leute. Ein Teil der Besatzung des U-Bootes „U-17" ist gerade zum Wochenendbesuch in ihrer Patenstadt Wittenberge. Sie bleiben und schippen mit.

Ob es Sinn hat, fragt niemand. „Zum Hoffen haben wir jetzt keine Zeit", sagt Bundeswehrhauptmann Ralf Britz, der mit 240 Soldaten aus der Eifel angerückt ist. „Wir müssen arbeiten." Dabei wird der 30 Cent teure Sandsack – den skrupellose fliegende Händler für bis zu fünf Euro in der Prignitz feilbieten – zum Mythos des Gemeinsinns. Von den 28 Millionen Säcken, die während der Sommerhochwasser des Jahres 2002 in ganz Deutschland aufgeschichtet werden, sichern allein drei Million die Prignitzer Deiche - gefüllt mit 50.000 Tonnen Sand.

Dem Hochwassermeer stellten die Prignitzer ein Sandmeer entgegen

Doch auch dies hätte beinahe nicht gereicht. Kurz bevor der Flutscheitel die Prignitz erreicht, entschließen sich die Verantwortlichen deshalb zu einem letzten, dem wohl rettenden Schritt: Sie lassen am 20. August die Wehre zum Elbnebenfluss Havel öffnen und dort einige Deiche sprengen. Insgesamt 140 Millionen Kubikmeter Wasser ergießen sich in die so genannten Polder - Rückhalteflächen für den Notfall. Große Teile des Kreises Havelland versinken im Wasser. Die Bauern müssen ein Opfer bringen, damit die Prignitz und die benachbarten Bundesländer flussabwärts verschont bleiben.

Die Sprengung nimmt der Elbe 45 Zentimeter Höhe. „Lieber das Wasser auf unbewohnten Weideflächen, als in den Wohnzimmern der Prignitzer", sagt der Chef des Landesumweltamtes Matthias Freude. Die Elbe steigt zwar noch auf 7,43 Meter. Doch die Deiche sind überall bis auf acht Meter aufgestockt. Die Prignitz bleibt trocken.

Ministerpräsident Matthias Platzeck, der „Deichgraf", ist sichtlich erleichtert. „Der Pegel sinkt, die Hoffnung steigt", sagt er nicht ohne Stolz. Er pendelt mit seinem Krisenstab pausenlos zwischen Mühlberg und der Prignitz. Übernimmt für alle wichtigen Entscheidungen die politische Verantwortung. Das ist nicht immer leicht. Es hätte Tote geben können. Dank des Wissens von der Oder und dem guten Zusammenspiel aller Helfer können alle Deiche gehalten werden - ganz im Gegensatz zu denen in anderen Bundesländern.

Brandenburgs Ministerpräsident Matthias Platzeck dankte den Bundeswehrsoldaten für ihren Einsatz

Trotzdem patrouillieren auch nach dem Pegelhöchststand noch 450 Deichläufer auf den Dämmen. „Die Elbe schläft nicht, und wenn wir müde werden, dann weckt sie uns unsanft", dichtet der Chef des Krisenstabes Wolfgang Schulz. Dem sollen die Deichläufer zuvor kommen. Werner Litzbach ist jeden Tag in zwei Vierstundenschichten auf den Dämmen unterwegs. „Wir suchen Stellen, an denen das Elbwasser durchdrückt oder sich doch noch ein Deichbruch ankündigt." Auf der Deichkrone tritt er fest in den Sand. „Das ist hier weich wie Gummi", sagt der Rentner kopfschüttelnd. „Der Deich schwimmt erst weg, wenn das Sickerwasser lehmtrüb wird", sagt er. Noch ist es klar. „Ein gutes Zeichen." Ein Bruch sei nicht zu befürchten. Litzbach wird Recht behalten.

Trotz der Rettung ist die Bilanz erschreckend. Auf mehr als 100 Millionen Euro wird der Schaden in ganz Brandenburg geschätzt. Der Großteil entstand im Norden des Landes. Ernteausfälle, bei der Evakuierung notgeschlachtetes Vieh, zerstörte Straßen, Wege und Deiche. Vielerorts drückt steigendes Grundwasser in die Keller.

Thomas Scheiblich ist wohl das lustigste Hochwasseropfer in der Prignitz. Gemütlich sitzt er mit dickem Bauch vor seiner abgesoffenen Eisdiele in Breese gleich neben Wittenberge und tröstet alle vorbeiradelnden Dorfbewohner mit Scherzen. „Habt ihr mir ein bisschen Wasser mitgebracht?", fragt er immer wieder. „Der Pegel im Keller liegt erst bei einem Meter." Seine Beine baumeln über dem Sandsackwall. Neben ihm liegt ein Feuerwehrrohr, eine Pumpe knattert und saugt das Wasser aus dem Keller. „Der soll aber auf keinen Fall leer werden", sagt er. Scheiblich will nur den Wasserstand halten, damit seine Elektroanlage und die Kühlaggregate nicht untergehen. Wenn er den Keller leer pumpen würde, könnte der Wasserdruck von außen die Fundamente eindrücken.

Scheiblich sitzt quasi auf einer Insel. 300 Meter gegenüber schlängelt sich der Deich entlang. „Den haben wir drei Tage lang ganz allein aufgestockt", erzählt er. Als dann die Bundeswehr anrückte, hatten die Dorfbewohner bereits 700 Tonnen Sand in die Säcke geschaufelt. Aber auch das konnte die zehn Häuser am Ortsrand nicht retten. Denn ein Stück weiter plätschert normalerweise das kleine Flüsschen Stepenitz in die Elbe. Doch die steht so hoch, dass sie das Wasser des Nebenflusses nicht reinlässt. Der Rückstau überflutet nun die Senken. Hinter Scheiblichs Eisdiele war mal ein Sportplatz – nur die Fußballtore ragen noch ein Stück aus der Brühe. Nun schwimmen Kinder umher und spielen Wasserball.

Die Silhouette von Wittenberge spiegelt sich im Hochwasser

Scheiblich versucht, den Schaden so klein wie möglich zu halten und pumpt Tag und Nacht. Der Sprit fürs Notstromaggregat kostet ihn dreißig Euro am Tag. Wann er wieder Strom bekommt, weiß er nicht. „Was soll ich machen. Offenbar ist es Gottes Wille, dass ich pumpe, statt Eis zu verkaufen", sagt er und lacht. „Irgendwann ist das Wasser auch wieder weg."

Wie eine Schlange windet sich diese Brücke über die Elbe

Mit dem Wasser verschwindet auch der Dreck. Zwar passierte eine aus Tschechien kommende Giftwelle zwei Tage lang die Prignitz. Die Belastung mit Arsen, Chlor und Cadmium war sechsfach höher als normal, jedoch ungefährlich. Die Gesamtmenge der Schadstoffe war wohl beträchtlich, aber das Gift wurde durch die Wassermassen extrem verdünnt.

„Nun ist die Elbe wie mit einem großen Besen durchgefegt", sagt Umweltexperte Freude. Dabei wurden auch ältere Giftschlämme in Brandenburger Flussabschnitten weggespült. „Der Fluss ist sauberer als vorher." Dieses Phänomen haben die Experten auch nach der Oderflut von 1997 beobachtet. Damals haben sich sogar zwei neue Fischarten angesiedelt. Immerhin etwas Gutes.

So gut wie die Seltersvorräte in der Feuerwehrzentrale von Perleberg. Als der Krisenstab am letzten Augustwochenende zur Aktion „Blitzblanke Deiche" aufruft, ist noch reichlich Mineralwasser da. In einer letzten Großaktion sollen 900 Freiwillige Tausende Sandsäcke von den weichen Deichen räumen. Mit dabei 230 Helfer der freiwilligen Feuerwehren. Doch die sind bereits wieder in Alarmbereitschaft. „Die brütende Hitze der letzten Tage ließ die Wälder völlig austrocknen", sagt Katastrophenschützer Schlotthauer. In der ganzen Prignitz ist gerade Waldbrandwarnstufe 4 ausgerufen worden. Die Natur wartet nicht mit der nächsten Gefahr.

Das Hochwasser von seiner „romantischen" Seite

Gemischte Gefühle an den Deichen: Von Erleichterung bis Resignation

Die Elbe lauert noch immer, die Deiche sind weich wie Pudding. Das tückische Sickerwasser lässt den Helfern an den Schutzwällen in Niedersachsen, Mecklenburg-Vorpommern und Schleswig-Holstein keine Ruhe. Doch die Jahrhundertflut hat an Wucht eingebüßt. Die Pegelstände sinken allmählich. „Wir können durchatmen, aber noch nicht aufatmen", sagt Joachim Müller vom Krisenstab in Ludwigslust. Während im niedersächsischen Amt Neuhaus weiter Sandsäcke geschleppt werden, tragen Menschen in Magdeburg ihre Möbel wieder in ihre Wohnungen.

Mit „Sandsackpartys" haben die rund 500 Bewohner der historischen Altstadt von Lauenburg das Ausbleiben der Flut in der Elbstraße und den angrenzenden Gassen gefeiert. Zuletzt fehlten nur knapp 40 Zentimeter an einer Überschwemmung erster Straßenabschnitte. „Wir freuen uns natürlich, dass wir mit einem blauen Auge davon gekommen sind", sagt der Wirt der direkt am Fluss gelegenen Gaststätte „Zum alten Schifferhaus". Sandsackbarrieren vor dem Haus sind weggeräumt, auf dem Kopfsteinpflaster vor der Eingangstür steht ein Tisch und es wird Freibier ausgeschenkt. In einem großen Glas sammelt der erleichterte Kneipenchef für die Flutoper in weit stärker betroffenen Elbregionen.

Ohne einen Grashalm am Deich zu knicken, legt Kapitän Bernd Karstens mit seinem Schiff „Kauz" und einer voll beladenen Schute in Viehle an. Es bedarf vorsichtiger Manövrierbewegungen, um den von der Flut gefährdeten alten DDR-Deich in der Gemeinde Amt Neuhaus nicht zu beschädigen. An Bord seines Schleppkahns sind 20.000 neue Sandsäcke, die er vom westlichen Ufer aus Alt Garge geholt hat. „Ohne die Schuten wäre hier längst Feierabend mit Deichschutz", weiß Wasserbaumeister Claus Stille. Wegen der aufgeweichten Wiesen kommen die Lastwagen nicht mehr an die Deiche heran. In einer Stunde haben die Helfer die Ladung gelöscht und Schiffsführer Karstens pendelt wieder ans Westufer. „Es gibt nicht die Frage, ob wir fahren oder nicht. Wir fahren, Tag und Nacht, so lange es nötig ist."

Die überschwemmten Rennwiesen in Magdeburg

„Wir haben wohl ganz schön Glück gehabt", sagt Rentnerin Ursula Hallmann, die in Magdeburg direkt hinter den Schutzwällen wohnt. In der vergangenen Nacht hat sie seit Tagen zum ersten Mal wieder durchgeschlafen. Die ganz große Anspannung ist vorbei, auch wenn der Wasserstand nur zentimeterweise sinkt und weiter großer Druck auf den durchweichten Deichen lastet. Viele kehren erschöpft, aber glücklich in ihre Wohnungen zurück. Nun beginnt das große Schleppen: Norbert Hass verließ sein Appartement im Erdgeschoss und fand in einer Ersatzwohnung Unterschlupf. Jetzt trägt er Matratzen und Campingliegen vom Autoanhänger nach Hause zurück. Er sagt: „Es ist gut, dass es vorbei ist.“

Der Kampf gegen die gewaltigen Wassermassen im Wörlitzer Winkel bleibt auch nach einer erneuten Deichsprengung dramatisch. Jenseits der Deiche und Orte drängen weiter gewaltige Wassermassen auf das Land zu. Auf der anderen Seite versuchen seit Tagen hunderte Einsatzkräfte aus ganz Deutschland und Tausende Freiwillige die Region vor noch größeren Katastrophe zu schützen. „Wenn draußen ein Auto drei Mal hupt, geht es zum Sandsack-Füllen“, sagt ein Wörlitzer.

Nachdem ein 100 Meter großes Loch im Elbdeich bei Seegrehna auch nach Tagen nicht geflickt werden konnte, sind viele Bürger schon verzweifelt. Wie viel Wasser derzeit von dort aus in den Wörlitzer Winkel strömt, vermag niemand zu sagen.

Auch in Seegrehna erinnern verdreckte Straßen an die Flut

Die meisten Läden haben geschlossen, über der sächsischen Stadt Freital liegt eine trügerische Ruhe. „Die Menschen sind groggy“, sagt der Vize-Bürgermeister, Ulrich Kretzschmer, der 40.000-Einwohner-Stadt. Zehn Tage lang haben sie geschaufelt, geschippt und geschuftet, am Wochenende legen viele eine Pause ein. Fenster und Türen der Häuser stehen zum Lüften offen, an den Sockeln ist die Hochwasserlinie noch gut sichtbar. „Soll doch der Schlamm liegen bleiben, die können doch alle nicht mehr“, sagt eine Frau voller Resignation – und versucht ihr Glück in der Lotto-Annahmestelle. Die Freitaler haben vom Hochwasser mehr als genug.

Etliche Straßenbahnen fahren wieder, das Licht geht wieder, viele Keller sind leer gepumpt – und auch die Touristen kommen wieder. Fast zwei Wochen nach der Hochwasserkatastrophe kehrt langsam das Leben zurück in die sächsische Landeshauptstadt Dresden. Besuchergruppen pilgern wieder zur Frauenkirche oder sitzen bei Sonnenschein in Cafés an der Brühlschen Terrasse, die geöffnet haben. Doch der Schein trügt: Die Schäden sind noch lange nicht behoben. Direkt an der Elbe versuchen die Männer des Geschichtsvereins Brühlsche Terrasse, den Schlamm zu beseitigen, den die Flut in ihren Räumen an historischer Stelle hinterlassen hat. „Da ist fast nichts zu retten“, sagt Vorstand Ulrich Kaiser. „Nach zwölf Jahren sind wir wieder am Punkt Null.“ Das gleiche gilt für den bekannten Studentenclub „Bärenzwinger“, der tagelang unter Wasser stand, und nun völlig mit Unrat gefüllt ist.

Gemeinsam gegen die Flut in Niedersachsen*

Andreas Joswig

Eine seltsame Stille liegt über Alt Garge. In dem Dorf an der Elbe fahren kaum noch Autos, einige Zufahrtswege zum Fluss sind gesperrt. Ohnehin sieht man kaum noch Leute auf der Straße. Am schlimmsten ist das Warten, sagt Ortsvorsteher Dieter Ossenkopp. Warten auf die Flut, von der niemand weiß, wie hoch und wann sie eintreffen wird. In der letzten Nacht hat Ossenkopp einen Merkzettel geschrieben, der jetzt an alle vom Hochwasser betroffenen Bürger verteilt wird.

Schulklassen helfen in Alt Garge beim Füllen und Verladen der Sandsäcke

Meinke und John Henry Wegener bereiten sich seit einer Woche auf die Überschwemmungen vor. Ihr Haus liegt am Werder, direkt an der Elbe. Was sonst idyllisch wirkt, wird jetzt zur Gefahr: Das Wasser des Flusses plätschert schon vor dem Fachwerkhaus. Die Heizung haben die Wegeners schon ausgebaut, heute noch das Telefon, und die Mauern mit einer Plane abgedeckt. Die Fenster sind ausgebaut, in den Rahmen stecken Sandsäcke: Alte Postsäcke, Kaffeesäcke, aber auch Geldsäcke, schmunzelt Meinke Wegener. Die Sorge um ihr Haus überspielen die beiden Hochwassergeschädigten, an die Schäden mögen sie noch gar nicht denken. Galgenhumor schützt vor der Verzweiflung. „Wir haben immer mit Hochwasser gerechnet", sagt John Henry Wegener, 300 alte Geldsäcke lagerten schon seit Jahren auf dem Dachboden. Für die befürchtete Jahrhundertflut zu wenig: mehr als doppelt so viele Sandsäcke mussten die Wegeners verbauen, um ihr Haus zu schützen.

Zehnmal so viele Sandsäcke werden wenige Hundert Meter weiter gefüllt. Bis 13 Uhr muss Bleckedes Stadtbrandmeister Henning Banse die 6.000 Säcke am Deich auf der anderen Elbseite abliefern. Zwei Schuten stehen bereit, ebenso 350 Schülerinnen und Schüler aus der Samtgemeinde Dahlenburg, die sich spontan zur Hilfe entschlossen haben, und viele freiwillige Helfer, die von ihren Arbeitgebern freigestellt wurden. Unentwegt bringen Laster Kies auf den Kohlenplatz des ehemaligen Kraftwerkes. Nur die Sandsäcke fehlen noch. Kaum sind die da, beginnen die Helfer mit dem Füllen. In langen Reihen werden die Säcke weitergereicht, in die bereit stehenden Schuten verladen. Tatkräftig, ohne viel Worte. Der Kampf gegen die bevorstehende Flut schweißt alle zusammen.

* Der Beitrag erschien zuerst in der „Elbmarsch-Post", Bleckede vom 22.08.2002

Ostbayern nach der Jahrhundertflut: Das große Aufräumen beginnt

Stefanie Baumer

Vorsichtig schabt Wolfgang Schewior mit einem Spachtel den braunen Töpferton von seiner Haustür. „Das Material ist seit Generationen ein Geheimrezept gegen das Hochwasser“, verrät der 37-Jährige. Sein Haus am Donauufer in Regensburg hat er vor der Flut mit Holz verbarrikadiert und die einzelnen Bretter mit Ton versiegelt. Das bewährte Hausmittel hat sogar dem Jahrhunderthochwasser mit einem Rekordpegel von 6,60 Metern getrotzt. Während seine Nachbarn am Donnerstag eifrig Wasser aus den Häusern schöpften, ist sein Anwesen trocken geblieben.

Die Flut erlaubte diesen Enten eine kleine Stadtbesichtigung

Nach der Dreiflüssestadt Passau beginnt auch Regensburg mit dem großen Aufräumen nach der Flut. Die Wassermassen haben in den ufernahen Straßen Schlamm und Schutt hinterlassen. Mehr als 500 Einsatzkräfte von Feuerwehr, Technischem Hilfswerk und der Bundeswehr bauen die Stahlstege ab, schleppen triefende Sandsäcke weg und spritzen den grauen Schmutzfilm von der Straße.

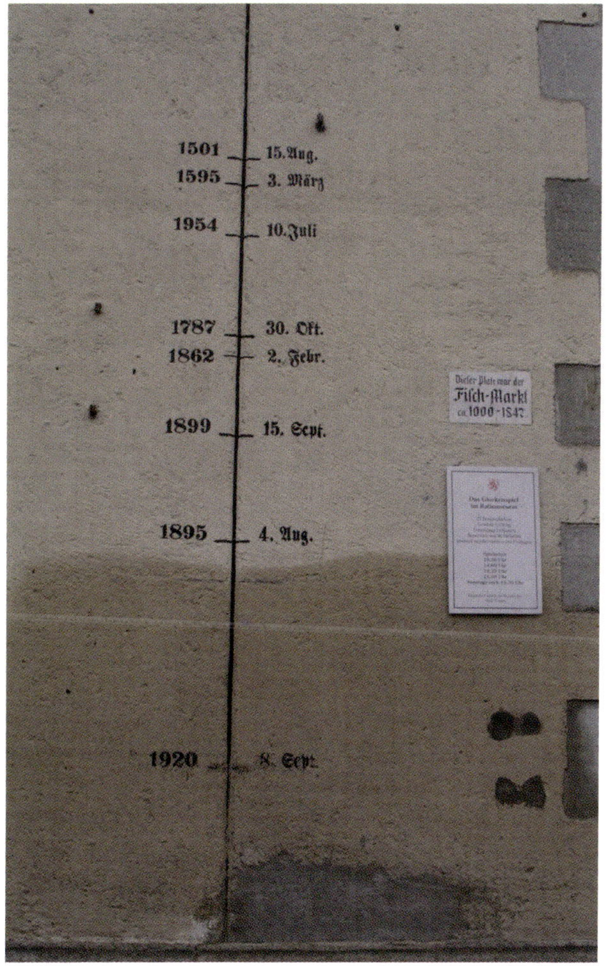

Die Donau hinterließ in Passau eine neue Pegelmarke

Polizisten halten mit Fotoapparaten und Videokameras ausgerüstete Hochwassertouristen in Gummistiefeln von den neuralgischen Punkten fern.

Während des Donau-Hochwassers glich Passau einem „Venedig des Nordens“

Das Ausmaß der durch die Flutwelle verursachten Schäden ist nach Angaben des Krisenstabs noch nicht absehbar: „Wir sind aber mit zwei blauen Augen davongekommen“, sagt ein Sprecher. In Straubing müssen die rund 220 Helfer mit den Aufräumarbeiten noch abwarten. „Wir müssen erst unsere Dämme weiter sichern“, erklärt ein Sprecher der Stadt. Auf dem Gäubodenvolksfest der niederbayerischen Stadt herrscht unterdessen ganz normaler Bierzeltbetrieb.

In der vom Hochwasser besonders betroffenen Domstadt Passau können die Einsatzkräfte durchatmen. „Der Pegel der Donau sinkt nicht mehr so schnell, und wir müssen mit dem Auspumpen vieler Keller noch warten“, sagte ein Sprecher des Krisenstabs. Auch Petra Breitenfellner wird wohl noch länger mit dem Putzen ihres Geschenkeladens in der Fußgängerzone beschäftigt sein. In dem Geschäft stand das stinkende braune Wasser bis unter die Decke. Zwei Tage nach dem Rekordpegel freut sie sich schon auf ihren Urlaub nach den Aufräumarbeiten – Tauchen in Kroatien. „Ich hab zwar momentan genug vom Wasser, das ändert sich aber sicher schnell.“

Auch am Oberen Wöhrd in Regensburg denkt Klaus Reuter bereits an das Einräumen der Möbel im Erdgeschoss seines Hauses. Der 48-Jährige lebt seit mehr als zehn Jahren in dem Stadtteil, der wie eine Insel von zwei Donauarmen umschlossen wird. Mindestens einmal im Jahr muss er gegen das Hochwasser kämpfen: „Trotzdem habe ich nie ans Wegziehen gedacht.“ So glimpflich sind aber viele Betroffene in Ostbayern nicht davongekommen. Ein Pizzabäcker in der Passauer Innenstadt ist den Tränen nahe. Er hatte seine gesamten Ersparnisse in das verwüstete Lokal am Donauufer gesteckt: „Jetzt stehe ich vor dem Nichts.“

Nach dem Rückgang des Hochwassers begannen die Aufräumarbeiten in Passau

Quo vadis Menschheit?

Nach der Rettung des brandenburgischen Städtchens Mühlberg hielt die dortige Pfarrerin Kerstin Höpner-Miech eine bewegende Predigt, in der sie eindrücklich den Kampf gegen die Flut schilderte, aber auch tiefer gehende Fragen zu den Ursachen und Auswirkungen der Flutkatastrophe stellte:

„Zunächst will ich fragen: Wer trägt Schuld an solch einer Katastrophe? Die Bibel verknüpft die Geschichte der Sintflut mit der Sünde – mit der Abkehr der Menschen von Gott. Und auch bei dieser Überflutung liegt Schuld vor. Diese Katastrophe ist menschengemacht. Was haben wir getan? Der Elbe ihren Lebensraum genommen. Haben Häuser auf Überflutungsflächen gebaut, den Fluss verlegt, eingeengt und ihm seine alte Weite mit mehreren Elbarmen genommen und auf einen Lauf reduziert.

Die kritischen Bereiche waren die überbauten alten Elbarme. Was haben wir getan?

Wir schauen nur auf uns Menschen. Nun hat der Fluss sein Bett verlassen und kam uns bedrohlich nahe, hat viel überflutet. Ich habe im Fernsehen eine Karte von der Oderflut gesehen: die Oder hat 1997 genau die Flächen überflutet, die früher die Auslaufflächen waren. Wir Menschen haben das nicht geachtet. Ich nehme an, das war bei der Elbe genauso. Der Fluss hat nichts vergessen. Was tun wir also mit unserer Mitwelt? Sehen wir das Zeichen, das uns hier gegeben wurde? Ändern wir unsere Lebensart und beginnen mit der Schöpfung zu leben, statt auf Kosten der Schöpfung?

Eine Frau sagte in den letzten Tagen: „Die Elbe hat gesprochen. Jetzt ist sie wieder brav." Wie lange wird sie es sein? Wieder 100 Jahre, 150 vielleicht? Dürfen wir so denken: Nach uns die Sintflut?

So kann es unmöglich weitergehen. An diesem Punkt müssen wir weiterdenken, um ein Leben auf dieser Erde überhaupt weiter zu erhalten.

Wir haben ein unverdientes Geschenk erhalten. Die Bewahrung unserer Orte vor dem Wasser und dem Schlamm und allen damit verbundenen Folgen. Erweisen wir uns dieses Geschenkes würdig? Wie gehen wir damit um? Gehen wir zum Alltag zurück und vergessen diese Woche? Die meisten haben die Sandsäcke wieder weggeräumt und alles sieht so aus wie früher. Sehen wir dankbar aus? Hat diese Woche irgendwas in uns verändert? Erinnern Sie sich! So viele Menschen habe ich noch nie auf den Straßen gesehen, noch nie so viele miteinander reden sehen. Wir sind zusammengerückt – haben zusammengearbeitet und uns nicht verlassen. Haben gemeinsam gekämpft, gebangt, gehofft, gelacht, geweint. Sollte das nicht ein Zeichen sein? Sollte dieser 17. August uns nicht jedes Jahr ein Grund zum Feiern und Innehalten sein? Ich weiß, für viele von uns ist innerlich noch nicht normale Zeit – alles ist noch neu, die Gefühle sind noch nicht in ihren alten Bahnen. Andere hatten keine Zeit zum Innehalten, mussten gleich wieder arbeiten gehen. Werden wir hören auf das, was uns da geschehen ist?

Das war kein Schicksal, das war ein Wunder ..."

Erfahrungen des Oder-Einsatzes zur Bewältigung von großen Katastrophen

Hans-Peter von Kirchbach

Katastrophen stellen die Verantwortlichen kurzfristig und unvorbereitet in eine neue, oft ungewohnte Lage. Manchmal ereignen sie sich völlig überraschend, manchmal gibt es eine Vorbereitungszeit, in der sich die Verantwortlichen darauf einstellen können, was auf sie zukommt.

Das Anschwellen der Oder 1997 auf die höchsten Pegelstände seit Menschengedenken kam nicht völlig überraschend. Bevor die Flut Deutschland erreichte, waren in Polen und in der Tschechischen Republik ungeheure Schäden entstanden, man konnte wenigstens in Umrissen absehen, was auf das Land Brandenburg zukam. So traf der Höhepunkt der Flut Ende Juli, Anfang August auf eine in weiten Teilen arbeitsfähige Organisation.

Je schneller und unverhoffter eine Katastrophe sich ereignet, umso wichtiger ist, dass die organisatorischen Vorbereitungen als ständige Aufgabe der Behörden so getroffen sind, dass die Verantwortlichen ohne Gerangel um Kompetenzen, ohne hektische Suche nach Organisationsmitteln und ohne Fragezeichen hinter Führungsansprüchen der hierarchischen Ebenen sich sofort um die Sache selbst kümmern können: Ein Lagezentrum mit den notwendigen Informationen muss bereit stehen, wer zum Katastrophenstab gehört, muss dies schon vorher wissen, die Zusammenarbeit sollte eingeübt sein. Es muss klar sein, wer die Führung hat.

Die wichtigste Aufgabe in einer derartigen Lage ist, die verschiedenen Kräfte und Mittel zu einem geordneten Zusammenwirken zu bringen. Koordination der Einsätze, hierzu nur einige Stichworte: In demselben Einsatzgebiet werden zum Beispiel Polizei und Bundeswehr, THW und Rotes Kreuz, Johanniter und BGS, Malteser, Arbeitersamariterbund und freiwillige Feuerwehr tätig. Eine Vielzahl von freiwilligen Helfern kommt dazu. Alle müssen um ihre konkreten Aufträge wissen, koordiniert zusammenarbeiten, die Stärke und Eigenart jeder Organisation muss dem Auftrag entsprechend genutzt werden. Gelingt dies nicht, geht ein Teil der Anstrengungen ins Leere. Sind die Regeln der Zusammenarbeit zu kompliziert, die Organisationsstrukturen zu unübersichtlich, die Verantwortlichkeiten nicht genau abgeklärt, ist der Erfolg in Frage gestellt. Je mehr Aufgaben gleichzeitig wahrgenommen werden müssen, je komplizierter ist die Führungsaufgabe. Auch hierzu ein Beispiel: An der Elbe mussten gleichzeitig Deiche verteidigt, Evakuierungen vorgenommen, Straßen gesperrt, Menschen betreut und versorgt, andere aus überschwemmten Häusern erst noch gerettet werden.

Die Führung derart zahlreicher und unterschiedlicher Kräfte mit breitem Aufgabenspektrum muss so unkompliziert wie möglich gehandhabt werden. Man muss sich aufeinander verlassen können. Da hilft es, große Aufgabensegmente zur weitgehend eigenständigen Bewältigung in die Hände der einzelnen Organisationen zu übergeben.

An der Oder hatte die Bundeswehr mit ihren Kräften und technischen Mitteln die Deichverteidigung weitgehend in eigene Verantwortung übernommen. Die Verantwortlichen waren räumlich zusammen, sprachen sich auf kurzem Wege ab. Zivile und militärische Verantwortung wurden von einer Stelle aus wahrgenommen, die Bundeswehr ihrer Stärke einschließlich ihrer Führungsorganisation unter politischer Gesamtleitung optimal genutzt. Notwendige politische Entscheidungen konnten ohne Aufwand, wenn notwendig in Minuten herbeigeführt werden. Hilfsorganisationen und freiwillige Helfer wurden in ein bestehendes Netz integriert. Die Landräte hatten den Rücken frei, sich um die Bevölkerung zu kümmern. Solch relativ einfache Lösungen können m. E. auch Teil eines Systems werden.

Vielerorts schwollen kleinere Flüsse zu reißenden Strömen an, wie hier die Müglitz am 13. August im sächsischen Dohna, und zerstörten ganze Ortschaften

Die Führung solcher Einsätze wird dann besonders schwierig, wenn die normalen Mittel der Kommunikation nicht zur Verfügung stehen. Bei der Elbeflut waren in manchen Gebieten die Telefonleitungen im ersten Anlauf der Flut unterbrochen, die Stromversorgung ausgefallen, die Handynetze wegen Überlastung nicht funktionsfähig. Auch für diesen Fall sollte eine wenigstens notdürftige Vorsorge getroffen sein. Aus der ersten, wohl fast unvermeidbaren Verwirrung müssen alle unter klarer Führung schnell zu geordnetem Handeln finden. Je besser die Vorbereitungen sind, umso leichter wird dies gelingen.

Schwierige Entscheidungen bleiben den Verantwortlichen nicht erspart: Wann muss die Entscheidung zur Evakuierung fallen, wann muss ein Deich aufgegeben werden, um die eingesetzten Helfer nicht zu gefährden, wie informiert man, um Panik zu vermeiden? Dies sind nur einige der aufgeworfenen Fragen.

Wenn in kurzer Zeit in schwieriger Lage unter äußerstem Druck eine Fülle von Entscheidungen zu treffen sind, werden auch Fehler vorkommen. Sie sind nahezu unvermeidbar und oft auch nicht vorwerfbar. Umso wichtiger ist es, dass vermeidbare Fehler wirklich vermieden werden und dass die Vorbereitungen so getroffen sind, dass diese auch vermieden werden können und nicht zwangsläufig aus organisatorischen Unzulänglichkeiten hervorgehen.

So gibt es eine Lehre aus der Elbeflut schon heute. Sie muss Anlass sein, die gesetzlichen und tatsächlichen Vorkehrungen intensiv zu prüfen, die Handlungsweise der Verantwortlichen selbstkritisch zu bewerten, die Wirksamkeit der Katastrophenvorsorge in Theorie und Praxis innerhalb der betroffenen Länder und auch länderübergreifend einer kritischen Würdigung zu unterziehen.

Dabei geht es nicht darum, Schuldige zu finden und zu präsentieren, sondern gegenüber der nächsten Katastrophe, die unabweisbar irgendwann kommen wird, so gut wie möglich gewappnet zu sein.

Deichverteidigung will gelernt sein

Ulrich Röfer

Seit Menschengedenken baut man Deiche. An der Küste und in den Flussbereichen sind sie Barrieren gegen Überflutung. Schon vor 2.000 Jahren errichteten die Römer solche Schutzwälle, vor allem im niederrheinischen Gebiet. So sind Deiche bis heute Vorbeugebauten gegen Überflutung des Binnenlandes. Sie können somit eine gute Schutzwehr sein, vorausgesetzt, sie werden ständig gewartet und im Bedarfsfall richtig verteidigt. Eine schnelle, wirkungsvolle Deichverteidigung ist immer auf viele Hände angewiesen, und sie lebt von der Menschenkette. Auch die Materialversorgung aus der Luft kann immer nur im begrenzten Umfang erfolgen. Durch die territoriale Besonderheit der Deichanlagen wird auf die Menschenkette auch in Zukunft nicht zu verzichten sein. Allerdings muss dabei beachtet werden, dass am Ende dieser Kette mit der Deichverteidigung vertraute Personen arbeiten. Ob das im Katastrophenfall immer zu gewährleisten ist, steht dahin. Auch ist es vom Umfang des betroffenen Gebietes abhängig. Auf jeden Fall sollte der Deichverteidigung wieder größere Aufmerksamkeit zukommen.

Neben Faschinen und Senkfaschinen, spielen Sandsäcke dabei die dominierende Rolle. Sie werden nur zu zwei Dritteln gefüllt, nicht zugebunden, unterschlagen und nach oben verlegt. Die Stabilität des Deiches wird im Hochwasserfall neben Höhe und Strömung des Wassers auch von der Dauer des Staus beeinflusst. Eine Durchweichung des Deichkörpers ist oft die Folge. Die betroffenen Stellen werden mit Sandsäcken belegt, der Deichfuß mit mehreren Lagen Sandsäcken stabilisiert. 80 Sandsäcke haben ein Gewicht von etwa 1,8 Tonnen. Nicht überall sind die Deiche aus lehmigen Substanzen gebaut, was die Durchweichung be-

Auffüllungen eines Deichbruches mit Sandsäcken bei Lutherstadt Wittenberg am 27. August

Taucher des THW dichten Sickerstellen an einem Deich bei Dessau mit Folie ab

schleunigen kann. Tierbauten etc. tun ihr Übriges. Bei hohen Staustufen, Strömung usw. sind Schäden an der Außenböschung immer schwer zu beheben. Oft ist dabei bei Einziehen von Folien, Belegen mit Faschinen oder Sandsäcken ein Tauchereinsatz nötig. Stellen, welche starker Strömung ausgesetzt sind, sind durch schräg verlegte Faschinen zu schützen (Landhölzer u. ä.). Wenn möglich sind Auswaschungen an der Außenböschung mit Folien auszulegen und mit Sandsäcken zu füllen. Austretende Quellen an der Binnenböschung sind von der Außenseite zu schließen. Auf die Farbe und Konsistenz des austretenden Wassers ist zu achten. Ist das Wasser verhältnismäßig hell, wird noch kein Deichbaumaterial ausgespült (Erde, lehmiger Sand etc.). Die Durchspülung ist dann sehr gefährlich, wenn das Wasser stark trüb, sehr lehmig oder dickflüssig ist, und somit eine Ausspülung des Deichkörpers erfolgt. Dann ist sofort ein Fangdamm (Quellkade) an der Binnensei-

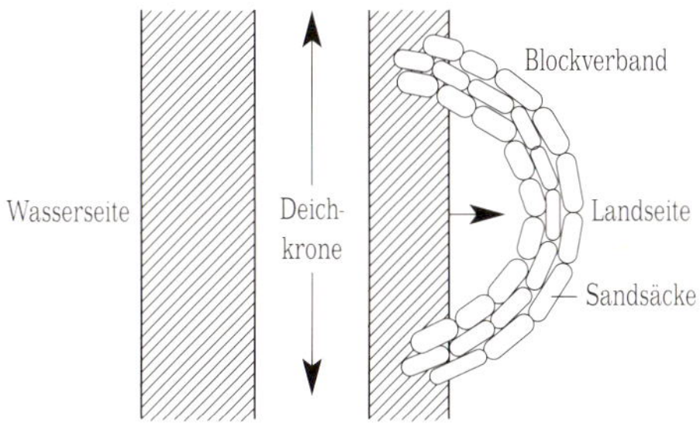

Schema eines so genannten Fangdammes bzw. Quellkade (nach: ABC des Einsatzleiters der Feuerwehr, Berlin 1960)

So genannte Fangdämme kamen auch bei der Sicherung von Mühlberg zum Einsatz

te durch Sandsäcke errichten, um Gegendruck zu erzeugen (halbkreisförmig). Einen Fangdamm sollte man auch bei klarer Quelle anlegen. Bei Gefahr der Überspülung der Deichkrone ist eine Sandsackaufkadung erforderlich. In der Regel werden drei Schichten im Blockverband aufgesetzt. Auch eine Brettkastenaufkadung mit Faschinen oder Sandsackfüllung und Pfahlbefestigung ist möglich.

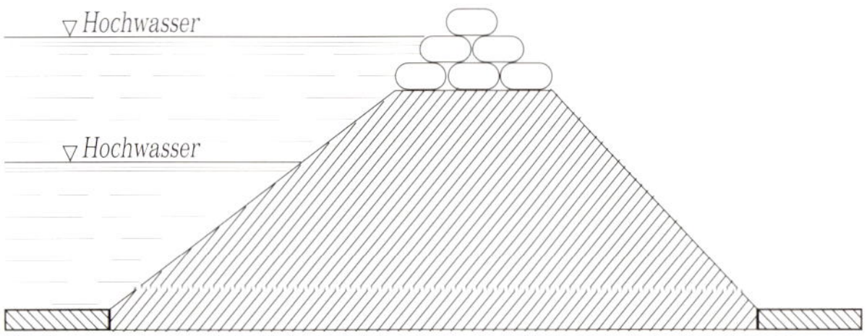

Schutzmaßnahmen gegen Überflutung durch Erhöhung der Deichkrone (Schema nach: ABC des Einsatzleiters der Feuerwehr, Berlin 1960)

Die Maßnahmen der Deichverteidigung sind mit den oben angeführten nicht erschöpft und sind oft auch situationsbedingt. Sie sollen auch nur ein Hinweis darauf sein, das die Deichverteidigung wieder mehr ins Licht gerückt werden wird. Zumindest in den gefährdeten Gebieten sollte sie Gemeingut werden. Der Deichwartung muss wieder die einstige Aufmerksamkeit geschenkt werden, ebenso der Deichkontrolle (Deichläufer). Bei allen unvorhersehbaren Ereignissen gilt immer noch die Devise: Erkannte Gefahr ist halbe Gefahr. Bei allen Bemühungen um die Stabilisierung eines Deiches ist bei aufgeweichtem Deichkörper ein Bruch immer möglich. Die auf und am Deich eingesetzten Hilfskräfte sind deshalb immer auch einer Gefahr ausgesetzt. Ein Sachverständiger sollte deshalb den betroffenen Deichabschnitt im Auge haben

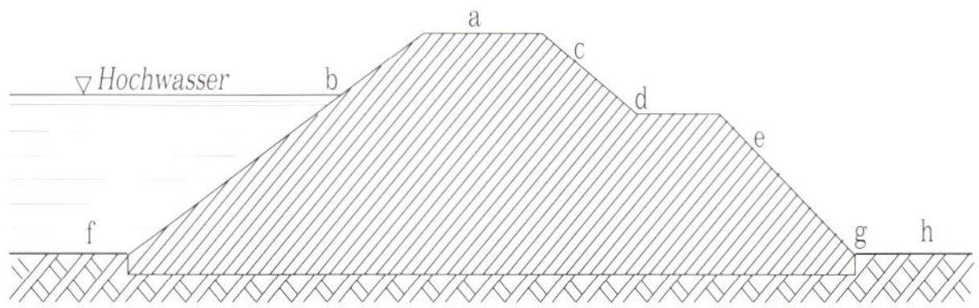

a) Deichkrone
b) Außenböschung (Wasserseite)
c) Binnenböschung (Landseite)
d) Deichbankett, Deichberme
e) Binnenböschung unterer Teil
f) der Außenfuß
g) der Binnenfuß
h) Polder (eingedeichte Fläche)

Schnitt durch einen Damm (Schema nach: ABC des Einsatzleiters der Feuerwehr, Berlin 1960)

und kein Risiko eingehen. Was die Strömungsenergie des Wassers bewirken kann, hat die zurückliegende Katastrophe zur Genüge gezeigt. Ein Deichbruch bei der Deichverteidigung wäre nicht auszudenken. Allen Einsatzkräften, ob zivil oder organisiert, ob jung oder alt, ist deshalb für ihr selbstloses Engagement größter Respekt entgegenzubringen.

Deichsicherung an der Elbe bei Hitzacker in Niedersachsen am 21. August

Unglaubliche Schäden

Die riesigen Wassermassen der Flutkatastrophe gehören mittlerweile der Vergangenheit an, aber noch immer lässt sich die Höhe der Schäden nur erahnen, können nur geschätzte Schadenssummen genannt werden.

Bilder wie hier vom überfluteten Vrbno bei Melnik sah man während der Flutkatastrophe im August 2002 immer wieder

Unbeschreiblich ist das Leid, das der Tod von bisher 100 Menschen in Österreich, Russland, Rumänien, Tschechien und Deutschland hinterließ. Allein in Deutschland verloren mindestens 21 Menschen ihr Leben, auch Helfer sind unter den Todesopfern. Lange Zeit werden sowohl die unmittelbar Betroffenen als auch die Helfer noch brauchen, um die Schrecknisse des Hochwassers, den Verlust von Familienangehörigen und Freunden, von Hab und Gut zu verarbeiten.

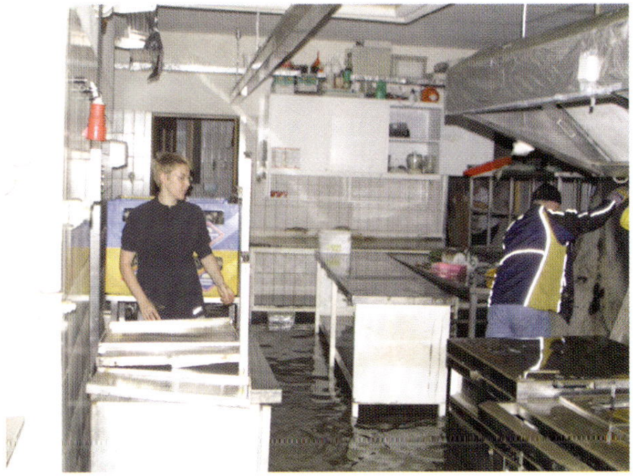

Die Wasserschäden in den Gebäuden waren erheblich; viele Einrichtungsgegenstände wurden unbrauchbar. Hier ein Blick in eine Küche in Passau

Groß sind aber auch die materiellen Schäden. Erste Schätzungen gehen von 25 Milliarden Euro aus, von denen 80 bis 90 Prozent nach Ansicht der zuständigen Wirtschaftsminister und der Versicherungsbranche nicht durch Versicherungen gedeckt sind.

Einwohner von Libis bei Neratovice in Tschechien bei ihrem überfluteten Haus

Blick auf die Prager Kleinseite am 15. August

Ein Arbeiter versucht an der Legionsbrücke in Prag feststeckende Trümmerteile abzutrennen

Schaulustige beobachten die Hochwasser führende Salzach in der Innenstadt von Salzburg

Im bayerischen Passau kehrte im August nur die Donau in die Geschäfte und Gaststätten ein

Der Kindergarten „Bummi“ im sächsischen Dohna an der Müglitz (Aufnahme von 1999)

Nach der Flutkatastrophe 2002 musste der Kindergarten abgerissen werden (Aufnahme vom 26. August)

Das Opernrestaurant an der Semperoper in Dresden

An dieser Haltestelle in Meißen lohnte sich das Warten nicht

Nach der Flut konnten viele Betroffene wie hier in Grimma ihren Hausrat nur noch zum Sperrmüll geben

Große Schäden richtete das Hochwasser auch bei der Bundesbahn an; unterspülte Anlagen in Wittenberg

In Grimma hinterließ die Flutwelle der Mulde kriegsähnliche Zerstörungen

In Sachsen und Brandenburg hat das Hochwasser besonders kleine und mittlere Unternehmen hart getroffen. Ein großer Teil dieser Unternehmen wurde seit der Wende neu aufgebaut. Ihre Zahl wird allein in Sachsen auf 5.000 bis 10.000 geschätzt und sie sind in allen Wirtschaftsbereichen zu finden.

Auch in der Landwirtschaft wird auf Grund der Verwüstungen von Feldern mit riesigen Ernteausfällen gerechnet.

Beträchtliche Schäden richtete das Wasser auch an der Infrastruktur der Länder an. Brücken, Bundes-, Staats-, Kreis- und Gemeindestraßen sind ebenso stark betroffen wie Bahnanlagen, Kläranlagen, Wohngebäude, soziale Einrichtungen, Krankenhäuser, Schulen und Kultureinrichtungen. Der Aufbau Ost wurde um Jahre, wenn nicht Jahrzehnte zurückgeworfen.

Tagelang waren in den Hochwassergebieten landwirtschaftliche Nutzflächen überschwemmt. Blick auf das von der Elbe eingeschlossene Lostau bei Magdeburg

Noch lange werden wohl die Menschen die Bilder der Zerstörung vor Augen haben, Bilder von zerstörten Kindergärten und Schulen, ertrunkenen Tieren im Eilenburger Zoo, Schäden an den Kulturschätzen in Dresden und im Dessau-Wörlitzer Gartenreich, von Überflutungen sowie damit verbundenen Tonnen Schlamm und Treibgut im Erzgebirge, in Pirna, Meißen, Grimma, Bitterfeld ...

Grenzenlose Solidarität

Im Herbst 1989 wurde der Ruf „Wir sind ein Volk!" zu einem Fanal, das in kurzer Zeit Deutschland – zumindest staatlich – vereinigte. Heute, mehr als 10 Jahre danach, zeigt sich, dass auch die innere Einheit für viele Menschen Wirklichkeit geworden ist. Die Hochwasserkatastrophe erinnerte die Bürger in den nicht betroffenen Bundesländern daran, dass auch sie ein ähnliches Schicksal treffen könnten und dass die Beseitigung der unermesslichen Schäden der Mithilfe aller bedarf. Gleichsam mit der Flut wuchs die Welle der Hilfsbereitschaft in ungeahnte Höhen. Tausende Helfer aus allen Teilen der Bundesrepublik eilten in die gefährdeten Regionen. Alte und Junge, Männer und Frauen, Angehörige der Bundeswehr, der Polizei, des THW und anderer Hilfsorganisationen, Feuerwehren aus ganz Deutschland reihten sich in die Menschenketten zur Rettung der Deiche, Evakuierung von Menschen und Tieren und später zur Beseitigung der Zerstörungen ein. Vom Wasser überraschte Urlauber in überfluteten Gebieten traten nicht überstürzt die Heimreise an, sondern halfen, andere wiederum setzten sich in Autos oder Bahnen und fuhren einfach in das Flutgebiet. Bestehende Partnerschaften zwischen Kommunen wurden neu mit Leben erfüllt. Andere Staaten boten uneigennützig materielle und finanzielle Hilfe an, stellten sich für Hilfseinsätze in den betroffenen Regionen zur Verfügung.

Bayerische Feuerwehrfahrzeuge auf Einsatzfahrt nach Dessau

Neben den begleitenden Hilfsmaßnahmen rückte mit der Zeit immer mehr die zu erwartende Situation nach dem Hochwasser ins öffentliche Bewusstsein. Die Bundesregierung entwickelte Pläne, um größtmögliche finanzielle Hilfe zu gewährleisten. Noch im August wurde das so genannte Flutopfer-Solidaritätsgesetz verabschiedet. Im gesamten Bundesgebiet wurden von verschiedenen Institutionen Spendenkonten eingerichtet. Ende August waren bereits über 100 Millionen Euro eingegangen, allein das DRK sammelte bis zu diesem Zeitpunkt 61 Millionen Euro Hilfsgelder.

Auch die Europäische Union sicherte den betroffenen Ländern umfangreiche Hilfen bei der Beseitigung der Hochwasserfolgen zu. Die Außenminister der EU einigten sich zudem auf die Einrichtung eines Katastrophenfonds mit einem Umfang von 1,5 Milliarden Euro.

Verschiedene Wirtschaftsunternehmen versuchten auf ihre Weise den Geschädigten zu helfen. So wurden die Preise für bestimmte Dienstleistungen gesenkt bzw. spezielle Nachlässe beim Neukauf von Produkten für Hochwasserbetroffene gewährt. Die Nord/LB kündigte etwa an, in Niedersachsen,

Sachsen-Anhalt und Mecklenburg-Vorpommern Hilfestellung leisten zu wollen. Geld werde im ersten Jahr zinsfrei und dann mit einem bezuschussten Zinssatz in Höhe von drei Prozent angeboten. Zwei Jahre lang seien diese Kredite gebühren- und tilgungsfrei. Die ostdeutschen Sparkassen gründeten einen Hilfsfonds, die Deutsche Bank stellte 5 Millionen Euro bereit.

Spendenannahmestelle in der Dresdener Lutherkirche: Die gesamte Bundesrepublik spendete wurde von einer Welle der Solidarität mit den Hochwasseropfern erfasst

Bereits am 16. August sagte Formel-1-Weltmeister Michael Schuhmacher 1 Millionen Euro für die Betroffenen zu und löste damit geradezu eine Lawine aus. Am Rande des Großen Preises von Ungarn erklärte der Ferrari-Pilot: „Ich habe mich zur Spende entschlossen und hoffe, dass sich einige anschließen werden." Dieser Wunsch sollte sich schnell erfüllen: Rad-Profi Jan Ulrich spendete 25.000 Euro und Paul Breitner versteigert via Internet das Trikot von DDR-Stürmer Jürgen Sparwasser, in dem dieser bei der Fußball-WM 1974 das legendäre 1:0 gegen die BRD schoss. Die Gebote hierfür lagen bald bei weit über 500.000 Euro. Jürgen Sparwasser ließ daraufhin sein damals im Tausch erhaltenes Breitner-Trikot versteigern.

Der Sachsen-Anhalt-Tag in Burg wurde in diesem Jahr abgesagt. Anstelle der Eröffnungsveranstaltung organisierten ARD und MDR eine am 16. August live im Fernsehprogramm ausgestrahlte Benefizgala, die die größte jemals im deutschen Fernsehen erreichte Spendensumme erbrachte. Innerhalb von 24 Stunden hatten sich die Programmverantwortlichen zur Durchführung der Gala entschlossen, der Erfolg gab ihnen recht: Mit Stand 5. September hatten die Zuschauer 30 Millionen Euro Spendengelder zugesagt.

Eine ähnliche Entscheidung trafen die Verantwortlichen in Halle/Saale. Hier wurde das traditionelle Laternenfest abgesagt. Dafür gab es ein Benefizkonzert der Musiker von Purple Schulz und der ostdeutschen Rocklegende City. Schauspieler verzichten ebenso auf Gagen.

Internationale Solidarität bewies ein Benefizkonzert für die Opfer der Flutkatastrophe im Elbschloss Bleckede (Landkreis Lüneburg) am 10. September. Die japanische Pianistin Shigeko Takeya trat zusammen mit dem slowakischen Cellisten Jozef Podhoranský und dem aus Tschechien stammenden Geiger Ewald Danel auf. Das Trio führte – ebenso international – Stücke von Wolfgang Amadeus Mozart, Antonín Dvorák, Leos Janácek und Bedrich Smetana.

Der Deutsche Fußballbund (DFB) und die deutsche Fußballnationalmannschaft unterstützte die Betroffenen mit einer Summe von 2 Millionen Euro. „Wir waren alle schockiert, was in Dresden und Umgebung passiert ist", kommentierte Nationaltrainer Rudi Völler die Aktion. Zudem wurden im Rahmen des DFB verschiedene Benefizspiele angekündigt bzw. bereits ausgetragen. Am 2. September trafen so der Hallesche FC und Borussia Mönchengladbach aufeinander und erspielen mehrere tausend Euro. Der deutsche Meister Borussia Dortmund spielte am 5. September gegen den 1. FC Magdeburg, um mit den Einnahmen zu helfen. Weitere Vereine wie Bayer Leverkusen, FC Bayern München, Energie Cottbus und der 1. FC Nürnberg kündigten Spiele zugunsten der Hochwassergeschädigten an.

Zahlreiche Zeitungen und Zeitschriften, Radio- und Fernsehsender, Unternehmen und deren Beschäftigte sowie Wohlfahrtsverbände stellten größere Geldbeträge zur Verfügung, richteten Spendenkonten für Soforthilfen ein und riefen die Menschen auf, mit Sach- und Geldspenden die Betroffenen zu unterstützen. Die Resonanz auf diese Aktionen kann nur schwer beschrieben werden: Kinder opferten ihre Sparschweine und organisierten „Soli-Basare" in Kinderbetreuungseinrichtungen und Schulen, Senioren sammelten in ihren Begegnungsstätten, Jugendliche in Jugendzentren, Familien stellte Teile ihres Einkommens zur Verfügung, Alt und Jung war sich einig im Bestreben, den Betroffenen im Rahmen ihrer jeweiligen Möglichkeiten zu helfen.

Neben finanziellen Zuwendungen gingen auch Sachspenden aller Art bei den Hilfsorganisationen ein

Das bisher Geschilderte verdeutlicht nur in Ansätzen die große Solidarität der Menschen untereinander, unzählige weitere Beispiele und beeindruckenden Zahlen könnten genannt werden. Auch dieses Buch will einen Beitrag zur Unterstützung der Flutopfer leisten, will die Schrecken der Naturkatastrophe ebenso festhalten wie die nationale und internationale Hilfsbereitschaft und nicht zuletzt durch einen Teil des Verkaufserlöses die Not der Betroffenen lindern helfen.

Beim Kampf gegen die entfesselte Natur war das Engagement der Menschen gefragt: ein Helfer in Prag

Einen Moment der Ruhe im pausenlosen Einsatz gegen das Hochwasser gönnt sich dieser Helfer bei Seegrehna

Ohne Worte

Abbildungsverzeichnis

Umschlagfotos:
Blick auf Schloss Pillnitz (Feuerwehr Dresden)
Bundeswehrsoldaten bei Mühlberg (Veit Rösler)
Feuerwehrkolonne bei Mühlberg (Veit Rösler)

Frontispiz:
Helferkette in Mühlberg (Jörg Bergmann)